BIBLIOTHÈQUE HISTORIQUE

CHAPITRES NOUVEAUX
SUR
LE SIÉGE
ET
LA COMMUNE
1870-1871

PAR

LUCIEN DUBOIS

Ex-Inspecteur général des Halles et Marchés de Paris

2ᵉ ÉDITION

LE CHEVALIER, ÉDITEUR

61, RUE DE RICHELIEU, 61

1872

Tous droits réservés.

CHAPITRES NOUVEAUX

SUR

LE SIÉGE

ET

LA COMMUNE

1870-1871

PAR

LUCIEN DUBOIS

Ex-Inspecteur général des Halles et Marchés de Paris

A. LE CHEVALIER, ÉDITEUR
61, RUE DE RICHELIEU, 61

1872
Tous droits réservés.

Paris. — Typ. BARTHIER et Cⁱᵉ, rue J.-J.-Rousseau, 6!.

TABLE DES MATIÈRES

	Pages.
UN MOT.	1

CHAPITRE Ier. — La journée du 4 Septembre. — Le Corps Législatif. — L'Hôtel de Ville. — Proclamations. 4

CHAPITRE II. — Les points noirs. — La Préfecture de police. — Son personnel. — Portraits et anecdotes inédits. 17

CHAPITRE III. — Envahissement de Paris. — L'approvisionnement de la capitale. — La taxe du pain et de la viande. — Arrêtés du ministère de l'Agriculture et du Commerce relatifs à la viande de boucherie. — Conflits. 28

CHAPITRE IV. — L'héritage de l'empire. — Situation politique et militaire. — Perquisitions chez MM. Bernier, juge d'instruction sous l'empire, et Zangiacomi, conseiller à la cour de cassation. — Les missions de la Garde nationale. — Les femmes des gardes nationaux. 42

CHAPITRE V. — Coup d'œil sur la situation politique de Paris et de la France. — Léon Gambetta. — MM. Jules Favre et de Bismark. — Journée du 30 septembre. — Les bulletins du chef d'état-major général Schmitz. — Souvenirs de la Préfecture de police. — L'inspection générale des halles et marchés. — Les services. — Les facteurs. 64

CHAPITRE VI. — Les Halles, récits historiques et humoristiques. — Visites officielles. — M. de Kératry, préfet de police. — Approvisionnement des particuliers et du commerce. — Conflits entre la Préfecture de la Seine et la Préfecture de police. — L'approvisionnement de l'État. — M. Magnin, ministre de l'Agriculture et du Commerce. — Son ministère. — Visites à l'Hôtel de Ville. 93

CHAPITRE VII. — Événements du jour. — Les cartes de boucheries. — Les Halles et le commerce de Paris. — Souscription pour les canons. — Le général Schmitz. — Les maraudeurs. .. 121

CHAPITRE VIII. — Envahissement de l'Hôtel de Ville le 31 octobre 1870. — M. Cresson, préfet de police. — Équipée de Raoul Rigault. — Héroïsme de la population parisienne. — Le prix des denrées. — Le plan du général Trochu. — Proclamations. — M. Jules Ferry, maire de Paris. — Troubles au marché de Montrouge. — Rapports entre le ministre du Commerce et l'Inspection générale des halles et marchés. ... 136

CHAPITRE IX. — Lettre de la Préfecture. — Le fromage. — La chasse aux rats. — Les clubs. — Journées des 29 et 30 novembre. — Bulletin du général Trochu. — Ducrot. — Panique au sujet du pain. — Lettre de M. Cresson. — Un personnage russe. — Récompenses aux employés de l'Inspection générale et de la Préfecture. 153

Pages

CHAPITRE X. — Les denrées des halles et marchés. — La province et Paris. — Le bombardement. — La population parisienne. — L'affiche rouge. — Attitude du Gouvernement du 4 septembre. — Le bombardement des abattoirs et des marchés. — Protestation du Gouvernement dans le *Journal Officiel.* — Protestation du Corps diplomatique. 176

CHAPITRE XI. — Journée du 19 janvier. — Combats de Buzenval et de Montretout. — Ordre du jour du général Trochu. — Catastrophe de l'Hôtel de Ville. — question alimentaire. — La Préfecture de police et le min' du Commerce. — Bombardement de Saint-Denis. — es. — Nouvelle de province. — Réquisitions. — M. J· 'avre. 198

CHAPITRE XII. — Entretien avec . Louis Blanc. — Le pain de Paris, singulière plaisanter — Visite à M. Dorian. — Une séance des maires de Pari.. - Note du 26 janvier au *Journal Officiel.* — Proclamation du 27. — Les vivres pendant les préliminaires de l'armistice. 213

CHAPITRE XIII. — Les trois point de l'armistice. — L'Assemblée nationale à Bordeaux. — Irritation de la province contre Paris. — Entrée des Prussiens à Paris. — Le 18 mars. — La Préfecture de police, le 20 mars. — Le général Duval. — Souvenirs de Sainte-Pélagie. — Raoul Rigault. — Flourens. — Delescluze. — Ferré. — Amouroux. — Naissance de la Commune. — Entretien avec le délégué à l'*ex*-préfecture. 232

CHAPITRE XIV. — Singulière situation de l'administration des Halles. — Intervention de la Commune. — Altercation avec les délégués de la Commune. — Ordres du Gouvernement de Versailles. — Le Vendredi-Saint. — Lettre au *Rappel*. — Arrestation de l'Inspecteur-général. — Les otages. — Une nuit d'angoisses. — Le préau. — Un pensionnat de jeunes filles. . 257

CHAPITRE XV. — Une note du *Rappel*. — Infamie du journal l'*Affranchi*. — Rectification du *National*. — L'*Avant-Garde*. — Heures de prison. — Arthur Arnould. — Delescluze. — Vermorel. — Les prêtres otages. — Un juge d'instruction sous la Commune. — Levée d'écrou. 276

CHAPITRE XVI. — Catastrophe de Paris. — La bataille. — La Halle au blé est sur le point de sauter. — Le maire provisoire du 1er arrondissement. — Bombardement de l'église Saint-Eustache et des halles. — Un chef de division. — Sympathies du commerce. — Lettre au général Valentin. — Révocations de nombreux employés. — Visite au Préfet. — Scène étrange. — Un courageux entrefilets de *la Cloche*. — Élections du 2 juillet. — Conclusion. 294

Un mot.

J'avais réuni ces notes, ces souvenirs qui devaient paraître au mois de juillet passé; une grave maladie, la négligence de quelques amis, les scrupules et finalement la défection de quelques autres, qui ont jugé plus prudent de se mettre « du côté du manche, » ont empêché ce petit recueil de paraître à cette époque.

J'ai dû le remanier de fond en comble, en éliminer les parties qui avaient perdu toute leur actualité, mettre en évidence des faits qui se trouvaient alors plongés dans l'obscurité, en ajouter de nouveaux et, quoique nous soyons encore soumis au même régime compressif, dégager la vérité des voiles plus ou moins épais dont la prudence exigeait qu'on l'enveloppât.

Je ne sais plus qui a dit « qu'il n'y avait pas de grand homme pour son valet de chambre. » Par analogie, il n'y a pas de grand événement qui n'ait son petit côté, pas d'homme politique qui n'ait ses faiblesses ; et c'est pour compléter les uns et les autres que j'ai réuni les mille anecdotes qui les concernent, et qu'une position tout exceptionnelle m'a permis de recueillir personnellement.

Un but plus élevé, je le dis avec un certain sentiment d'orgueil et de satisfaction, m'a surtout déterminé à entreprendre ce travail : celui d'attirer l'attention publique sur de nombreuses victimes d'une réaction implacable dans ses résolutions, et aveugle dans l'exécution de mesures qui ont frappé plus d'innocents que ceux qu'on s'est plû à désigner sous le nom de coupables. J'ai espéré qu'une tardive justice viendrait enfin réparer des malheurs immérités, et rendrait à la vie, à l'espérance, de nombreuses familles jetées dans le désespoir et la misère par les fatalités d'une époque sans pareille dans l'histoire. Je livre donc mes notes à la publicité, sans autre prétention que celle de faire un peu de bien et de jeter une distraction au milieu de la tristesse universelle dans laquelle nous sommes plongés.

Lucien DUBOIS.

Paris, le 1er avril 1872.

SOUVENIRS INÉDITS
1870-1871.

CHAPITRE I⁰ʳ.

La journée du 4 septembre. — Le Corps-Législatif. — L'Hôtel-de-ville. — Proclamations.

Je passerai rapidement sur les faits de cette journée mémorable, qui sont si récents que tout le monde les a encore présents à la mémoire.

L'édifice impérial, construit sur un terrain de boue et de sang délayé de larmes, venait de recevoir son couronnement tant de fois promis. L'invasion étrangère l'écrasait de sa lourde masse et l'étouffait dans ses fondements.

Paris indigné se levait comme un seul homme pour ressaisir sa souveraineté légèrement abandonnée dans une heure de désespérance, et vainement réclamée pendant de longues années.

Ses citoyens armés viennent offrir leurs bras et leurs vies à ses représentants surpris à l'heure suprême, quoique depuis longtemps préparés à la seule solution possible d'une situation désespérée.

Qui vous dira les sentiments intimes de ceux que le peuple appelait à grands cris, qui jusqu'au dernier moment avaient espéré conjurer l'orage populaire, vulgaires ambitieux, secrètement ralliés au régime qu'ils combattaient ostensiblement, et qui s'étaient ménagés de longue main une douce retraite dans les honneurs, la fortune et une considération odieusement usurpée ? C'est l'histoire qui nous édifiera sur ces hommes, l'erreur des nations ; c'est l'histoire de la République de 1848, trop tôt oubliée ; c'est encore l'histoire de la République de 1871, qui fera tomber les écailles des yeux les plus obstinés à se dérober à la lumière.

Le peuple aujourd'hui expie dans les larmes

et le sang son aveuglement pour des chefs qui l'ont trahi, lâchement abandonné, quand ils ne se sont pas joints à ses persécuteurs, ou dont l'ineptie, plus fatale encore, l'a plongé dans cet océan de misères qui menace de l'engloutir à tout jamais.

Le Corps-Législatif en entier présentait un singulier spectacle : là, dans la salle des séances, dont toutes les tribunes étaient envahies, Gambetta faisait des efforts prodigieux pour calmer le peuple ; sa voix puissante dominait le tumulte, on l'écoutait, on l'applaudissait. Plus loin, une foule d'orateurs se disputaient la tribune et ne parvenaient pas à se faire entendre ; au pied de l'escalier, à l'entrée de la salle des Pas-Perdus, une foule irritée malmenait un vieillard à l'œil hagard, qui balbutiait des prières et implorait la pitié de ceux qui l'entouraient. C'était, dit-on, M. Schneider, le président du Corps-Législatif, l'homme implacable du Creuzot, qui, par un singulier retour des choses d'ici-bas, se voyait, lui, l'autocrate, à la merci de ce peuple pour lequel il professait un si profond mépris.

En haut, dans la tribune des journalistes, un

de ceux-ci, qui prenait flegmatiquement des notes, est interpellé par un garde national qui lui demande ce qu'il fait.

— Je prends des notes pour les journaux, répond simplement celui-ci.

— Très-bien, très-bien, ajoutent quelques voix ; citoyens, faites place au citoyen-journaliste ; il écrit *notre* histoire.

Notre histoire ! dites après cela que le peuple n'a pas la conscience de ses actes.

Dans un bureau retiré un grand nombre de représentants délibèrent ! Il est ma foi bien temps. L'heure est aux actes, et non aux paroles.

Un cri formidable se fait entendre dans les salles, dans les corridors, sur les escaliers, dans les vestibules. aux tribunes : A l'Hôtel-de-Ville ! à l'Hôtel-de-Ville ! Le palais du Corps-Législatif se vide en un clin d'œil, une foule immense envahit les quais et se dirige du côté du palais municipal. On chante en chœur la *Marseillaise*, les fusils sont ornés de branches de feuillage, la foule est en délire, une joie immense a envahi tous les cœurs. J'aperçois de loin quelques représentants que la foule acclame ; ils se rendent à pied à l'Hôtel-de-Ville. Le vénérable M. Crémieux, dans un fiacre avec quelques amis, n'avance que difficilement ; il reçoit une véritable ovation : sa figure est rayonnante.

Enfin, portés et portants, nous arrivons sur la place de l'Hôtel-de-Ville ; ce n'est plus une foule, c'est un bloc humain : comment le pénétrer ? Heureusement, le fiacre de M. Crémieux arrive ; on s'écrase pour le laisser passer, j'ai le bonheur de m'accrocher à une roue, et nous arrivons quelques-uns à la grande porte d'entrée ; nous suivons le sillon que tracent dans la foule les représentants du peuple, et parvenons jusque dans la grande salle. Là tout courage m'abandonne, la lutte n'est plus possible ; il faut se laisser aller au caprice de ces flots humains, il ne s'agit que de surnager. Tout-à-coup ils se calment, s'arrêtent comme sous la main d'un puissant Neptune. Que se passe-t-il ?

On apporte une table, sur laquelle on hisse un homme pâle, défait, mourant ; une large écharpe rouge en sautoir lui donne l'air d'une victime entourée de bandelettes. Seigneur !

allons-nous assister à une exécution ; déjà ?
Un cri immense de: « Vive Rochefort ! »
vient nous rassurer: c'est bien lui, en effet,
c'est bien cette tête méphistophélique d'où sont
sortis ces milliers de traits d'esprit, ces attaques
audacieuses à l'Empire, ces mots foudroyants
et spirituels qui ont *charmé* tout Paris. Silence !
silence ! Rochefort va parler. Mais obtenir le
silence d'une pareille foule, autant la demander au salpêtre sortant du canon, aux vents
déchaînés et à la foudre des tempêtes. Un cri
strident, déchirant, se fait entendre ; c'est une
trompette qui domine les mille voix de la foule,
les fait taire, impose le silence. Rochefort parle
d'une voix bien faible ; il est au bout de ses
forces. J'entends seulement qu'il remercie ceux
qui viennent de le délivrer de prison, et distin-
gue encore les mots de liberté, république, tyrannie etc ; ils sont en situation. Des hurrahs
frénétiques couvrent la voix de l'orateur qui me
paraît enchanté de ces interruptions. Rochefort descend, passe devant nous, plutôt porté
que conduit, et se dirige du côté d'un petit salon
où se trouvent quelques gardes-nationaux, la
baïonnette au bout du fusil. Ceux-ci le laissent

entrer seul, et croisent le fer devant ceux qui le suivent.

Nous essayons de passer ; vaine tentative : la porte est aussi bien gardée que du temps de l'Empire. Je comprends instinctivement que derrière cette porte il y a un nouveau Gouvernement : la garde qui veille sur lui me le prouverait au besoin.

Il est plus facile de sortir que d'entrer, par la simple raison, toujours bien reçue dans ce monde, qu'on donne sa place au lieu de prendre celle d'un autre. En passant dans un corridor, j'aperçois un Monsieur qui *défendait* une porte contre un groupe qui voulait absolument la franchir ; je m'informe : le fidèle gardien m'apprend qu'il veille au salut des archives : « Citoyens, m'écriai-je, il s'agit des archives, des archives du peuple ; elles sont sacrées, et le peuple doit lui-même s'en constituer le gardien. Au nom du peuple, je remercie ce fidèle serviteur ; prêtez-lui aide et protection. »

A ces mots, deux volontaires se mettent de garde à la porte, et je pars bien fier de cet acte de civisme, ne prévoyant guère que plus tard,..... une belle et bonne accusation d'usurpation de fonctions pourrait m'incomber avec accompagnement d'orangerie, de pontons, de conseils de guerre, etc., etc. Que les archives me soient légères !

Dans l'escalier on pouvait circuler comme, dans les grandes foules, sur le boulevard. J'allais pouvoir enfin battre en retraite. En retraite ? cruelle déception ! L'homme aux retraites me barre le chemin. Vive Trochu ! Vive Trochu ! exclament mille voix. C'était en effet le célèbre général, qui alors passionnait tout le monde et avait conquis une popularité immense, qui faisait son entrée à l'Hôtel-de-Ville. Figure et tenue correctes, véritable image d'Epinal, telle est l'impression que me fit alors le général *sauveur*.

La place, les rues, les boulevards étaient encombrés de monde ; la joie la plus vive régnait sur tous les visages : on riait, on chantait, on s'embrassait, on se félicitait, au nom de la République. Paris se ressouviendra longtemps de ce beau jour de fête, hélas ! si loin du temps présent, qu'il semble que le vieux qui le représente avec sa faux et son sablier, s'est lassé lui-même de ses sandales de plomb et a pris le chemin de fer.

Les circonstances étaient graves ; lourde était la responsabilité qui allait peser sur la tête de ceux qui prenaient en main la direction des affaires du pays. Le passé de plusieurs d'entre eux ne rassurait guère les vrais amis de la France et de la République. Ils n'avaient pas oublié que ces hommes néfastes avaient perdu cette dernière en 1848, et leurs agissements sous l'Empire n'étaient pas faits pour les rassurer. Mais l'indulgence est une qualité ou plutôt un défaut tellement enraciné dans le cœur des patriotes, que, cette fois encore, elle leur fit passer l'éponge sur les précédents fâcheux de ces hommes que leurs fautes auraient dû faire disparaître à tout jamais de la scène politique. Ils espérèrent que les éléments jeunes, nouveaux, purs et énergiques, qui venaient s'amalgamer aux anciens, amélioreraient, vivifieraient et, au besoin, absorberaient ces derniers.

Erreur profonde ! les anciens s'assimilèrent ceux qu'une foi robuste ne préservait pas du contact, et rejetèrent violemment ceux qui résistèrent à ce travail dissolvant.

Bref, on acclama en masse ceux que le flot populaire poussait en avant ; le temps pressait, la moindre hésitation pouvait tout remettre en question, les républicains vrais et expérimentés firent taire leurs scrupules et attendirent en silence le dénouement d'une situation aussi imprévue qu'extraordinaire.

Les quatre proclamations suivantes ne tardèrent pas à le faire connaître :

FRANÇAIS.

Le peuple a devancé la Chambre, qui hésitait. Pour sauver la patrie en danger, il a demandé la République. Il a mis ses représentants non au pouvoir, mais au péril.

Citoyens, veillez à la cité qui vous est confiée ; demain vous serez avec l'armée les vengeurs de la Patrie.

Emmanuel ARAGO, CRÉMIEUX, DORIAN, Jules FAVRE, Jules FERRY, GUYOT-MONTPAYROUX, Léon GAMBETTA, GARNIER PAGÈS, MAGNIN, ORDINAIRE, A. TACHARD, E. PELLETAN, Ernest PICARD, Jules SIMON.

CITOYENS DE PARIS,

La République est proclamée. Un Gouvernement a été nommé d'acclamation. Il se compose des citoyens: Emmanuel Arago, Crémieux, Jules Favre, Jules Ferry, Gambetta, Garnier-Pagès, Glais-Bizoin, Pelletan, Ernest

Picard, Rochefort, Jules Simon, représentants de Paris.

Le général Trochu est chargé des pleins-pouvoirs militaires pour la Défense nationale. — Il est appelé à la présidence du Gouvernement. — Le Gouvernement invite les citoyens au calme ; le peuple n'oubliera pas qu'il est en face de l'ennemi.

Le Gouvernement est, avant tout, un gouvernement de Défense nationale.

Le Gouvernement de la Défense nationale,

ARAGO, CRÉMIEUX, Jules FAVRE, FERRY, GAMBETTA, GLAIS-BIZOIN, GARNIER-PAGÈS, PELLETAN, PICARD, ROCHEFORT, SIMON, général TROCHU.

A LA GARDE NATIONALE DE PARIS,

La République est proclamée.

La patrie est en danger.

Le nouveau Gouvernement est avant tout un Gouvernement de Défense nationale.

Les gardes nationaux de Paris, c'est-à-dire tous les électeurs inscrits sur les listes électorales, sont convoqués pour le mardi 6 septembre, à midi, à l'effet de procéder à la nomination des sous-officiers et officiers, dans les mairies de leurs arrondissements respectifs.

Paris, le 5 septembre 1870.

Le membre du Gouvernement de la Défense nationale, délégué au ministère de l'intérieur,

Léon GAMBETTA.

De son côté, le général Trochu publie la proclamation suivante :

L'ennemi est en marche sur Paris : la Défense de la capitale est assurée. Le moment est venu d'organiser celle des départements qui l'environnent.

Des ordres ont été expédiés aux Préfets de la Seine, de Seine-et-Oise et de Seine-et-Marne, pour réunir tous les défenseurs du pays ; ils seront appuyés par les compagnies franches ou par les nombreuses troupes de cavalerie réunies aux environs. Les commandants des corps francs se rendront immédiatement chez le président du Gouvernement, gouverneur de Paris, pour y recevoir des instructions.

Chaque citoyen s'inspirera des devoirs que la patrie lui impose.

Le Gouvernement de la Défense nationale compte sur le courage et le patriotisme de tous.

Le président du Gouvernement de la Défense
nationale, gouverneur de Paris,
Général Trochu.

On voit par ces quatre proclamations quelle tâche s'imposait aux hommes qui prenaient en main la direction des affaires, et je ne crois pas aller trop loin en affirmant que beaucoup d'entre eux ne l'entreprirent que, pour ainsi dire, contraints et forcés.

En effet, pour ceux qui ont suivi attentivement les dernières phases du Corps-Législatif, il était de toute évidence que bon nombre de représentants de la gauche redoutaient l'heure dernière, qu'ils avaient conservé *in petto* l'espoir de conjurer une crise finale à laquelle leur passé les avaient poussés, et qu'il espéraient, moyennant certaines concessions aussi dissimulées que possible, concilier leur ambition personnelle avec les obligations publiques qu'ils avaient contractées. — Chacun d'eux comptait se montrer plus habile qu'Ollivier, et sauver du moins les apparences.

La Révolution vint les surprendre comme un coup de foudre et les réveiller de ce doux rêve dont ils se berçaient de longue date. Plus d'hésitations possibles; il fallut se mettre résolument à la brèche ou briser à tout jamais sa carrière politique.

Cette immense déception peut expliquer bien des événements qui se sont produits plus tard, bien des résistances, bien des défections et des trahisons qui ont jeté dans le pays une grande perturbation matérielle et morale.

CHAPITRE II

Les points noirs. — La Préfecture de police. — Son personnel. — Portraits et anecdotes inédits.

Après les premiers jours donnés à l'enthousiasme, à la joie de se sentir libres et débarrassés d'un régime fatal à la France, les points noirs se produisirent sur tout l'horizon. Le danger était partout, les difficultés et les obstacles lui servaient d'escorte, et surgissaient comme par enchantement.

Il fallait à la fois s'occuper de la réorganisation intérieure et de la défense nationale à l'extérieur.

L'ennemi s'avançait à marches forcées sur la capitale, et les partis, revenus de leur première surprise, commençaient déjà à ourdir leurs trames odieuses, tout prêts à s'appuyer, comme dans les temps passés, sur les baïonnettes étrangères.

Un malaise général s'étendait sur tout Paris ; les masses, admirables dans leur instinct, pressentaient les dangers que courait le nouvel ordre de choses, mais, s'égarant dans leurs appréciations, conduisaient le pays tout droit à l'anarchie par excès de zèle patriotique ; plus d'une fois à la recherche des agents prussiens, elles commirent des actes graves contre les individus et les propriétés.

Le Gouvernement, dont la vigilance ne s'endormait pas, comprit le danger, et tous ses efforts tendirent à créer immédiatement une organisation de sûreté générale qu'il ne voulut confier qu'à des hommes intelligents, dévoués au bien public, d'un patriotisme à toute épreuve, et dont l'honorabilité fût incontestée et incontestable.

Les difficultés de cette organisation ne purent être surmontées que par le dévouement de quelques patriotes qui s'offrirent en holocauste pour le salut de tous, tant le mot *police* était un objet d'horreur et de dégoût pour les honnêtes gens.

Cette répulsion universelle s'expliquait du reste par les turpitudes et les crimes auxquels s'était livrée la police impériale. Ce mépris avait même fini par atteindre la police municipale qui rend tant et de si grands services à la capitale. Dans chaque agent, fût-il préposé aux bonnes mœurs, à la recherche des voleurs et des assassins, à la conservation de l'hygiène publique, etc., on voyait un des assommeurs de M. Piétri, un pourvoyeur de Noukahiva ou de Cayenne.

Ce fut, comme je le disais en commençant, grâce au dévouement absolu de quelques citoyens, patriotes avant tout, qu'on parvint à surmonter cette difficulté et à organiser un service de sûreté générale qui rendit les plus éminents services dans les conditions sans précédent où se trouvait la capitale.

Un article de la *Correspondance générale de Paris*, publié à cette époque, et que je transcris en entier, donnera une juste idée de la physionomie de la Préfecture de police à cette date et de son organisation.

Paris, 10 septembre 1870.

On lit dans *la Cloche* : « Le préfet de police prend
» en ce moment les mesures les plus énergiques pour
» faire justice des complices de Bonaparte, au 2 décem-
» bre. En effet, si nos renseignements sont exacts, il
» aurait pris l'arrêté suivant :

Attendu qu'en procédant, le 2 décembre 1851, à l'arrestation des représentants du peuple, les nommés X.... ont violé la loi républicaine, qu'en conséquence ils sont indignes de servir le régime nouveau, sur la proposition du secrétaire général, arrêtons :

Les nommés X.... sont révoqués.

» On nous donne en même temps comme certaine la
» nomination comme commissaires de police, des citoyens
» Amable Lemaître, Wattemard, Raoul Rigault, Jules
» Lagaillarde et d'autres encore, bien connus pour leurs
» opinions républicaines. Le citoyen Caubet exercerait à
» la préfecture des fonctions importantes. La plus grande
» activité administrative règne à la préfecture de police,
» et la population parisienne peut être assurée qu'elle
» ne trouvera plus, mangeant à son ratelier, ceux qui
» naguère violaient la liberté individuelle, et qu'on était
» habitué à voir obéir aveuglément aux ordres sauvages
» d'un pouvoir criminel.

» Désormais, la police sera donc une administration
» comme les autres, morale, honnête, respectable
» pour tous.... »

A la lecture de ces lignes de *la Cloche*, qui réalisaient une de nos utopies, celle de faire faire la police par des hommes d'un caractère et d'une honnêteté éprouvés, nous nous sommes transporté dans l'ancien repaire des séides bonapartistes.

Nous avons trouvé la première porte gardée par le septième bataillon de la garde nationale. A la vue de ces citoyens-soldats qui, depuis l'avénement de la République, maintiennent avec un dévouement, un zèle admirable, l'ordre et la tranquillité de la capitale, notre cœur a tressailli de joie. Cet antre, dont on ne franchissait le seuil, il y a quelques jours à peine, que le froid au cœur, a changé complétement d'aspect.

Dans la première cour, plus aucune de ces figures sinistres qui vous dévisageaient effrontément et gravaient vos traits dans leur mémoire policière, une main sur leurs casse-têtes et l'injure aux lèvres.

Nous franchissons allégrement le perron au haut duquel nous trouvons quelques anciens municipaux qui montaient la garde. Un rayon du soleil de la République a déjà éclairé ces figures, sombres jadis dans l'exécution de leurs ordres. Ils répondent aux interrogations des passants avec cet accent, bref mais bienveillant, du soldat conscient de la dignité de son uniforme.

Nous arrivons dans un dédale de corridors et de galeries interminables; partout des sentinelles de ces mêmes municipaux, montant tranquillement leur garde, et qui nous laissent passer sans s'inquiéter le moins du monde de notre personne.

Enfin, après avoir traversé ces longues galeries où des nuées d'employés se croisent avec vivacité, les mains pleines de papiers, nous franchissons un escalier et pénétrons dans une première et une seconde pièce, remplies de monde ; nous faisons passer notre carte, et nous sommes introduits dans une pièce attenante au cabinet du Secrétaire général et à celle du commissaire de police de la préfecture. Là, nous trouvons un grand nombre de nos confrères de la presse et beaucoup d'honorables citoyens: ouvriers, négociants, chefs d'ateliers, anciens fonctionnaires et constituants de la République de 1848.

Tous apportent des avis, des conseils, des renseignements de toute nature ; la plupart ressortent du cabinet du Secrétaire général avec les pouvoirs nécessaires pour mener à bonne fin les renseignements précieux qu'ils sont venus apporter.

La lumière commence à se faire dans notre esprit. Voilà la vraie police de la République ; le concours gratuit de tous les citoyens honnêtes, accomplissant à leurs risques et périls, et dans l'intérêt de tous, les missions les plus difficiles, quelquefois même les plus dangereuses, l'administration de l'ordre, de la tranquillité et de la défense.

Les citoyens Lemaitre, Rigault, Caubet et beaucoup d'autres, bien connus par leur honnêteté et leur patriotisme, nous serrent la main en passant ; ils sont en fonctions et se livrent jours et nuits au travail avec un entrain et un dévouement qui leur vaudront la reconnaissance du pays tout entier.

Enfin notre tour arrive: nous pénétrons dans le cabinet du secrétaire général, Antonin Dubost. — Il vient à nous avec sa figure toujours souriante, nous prend les deux mains, nous fait asseoir, en nous priant d'attendre un moment.

Rien ne pouvait nous être plus agréable ; le fin sourire de notre ancien confrère de la presse nous intriguait. — Le cabinet était comble: officiers de tous grades, maires, adjoints, estafettes arrivant, partant, quel tohu bohu ! Notre cœur de *reporter* bondissait ; nous allions apprendre quelque chose ! Le regard malin du Secrétaire général se fixait de temps en temps sur nous ; il lisait au fond de notre pensée, le sourire s'élargissait sur ses lèvres ; en même temps la besogne marchait d'un train d'enfer : maires, adjoints, officiers, courriers de toute espèce allaient, venaient, entraient, sortaient.... nous n'avions rien vu, rien entendu ! si ce n'est par ci par là les mots : fourrages, farines, évacuations, démolitions, etc. Un mot du Secrétaire général se traduisait immédiatement en ordre sous la plume des secrétaires, et les porteurs partaient, munis de leurs instructions, avec une rapidité et une précision mathématiques. Pas une minute, pas une seconde perdue. Nous étions stupéfait. Enfin, Antonin Dubost trouve le moment de nous lancer un: Eh bien? Dévouement, activité, intelligence, patriotisme, discrétion et, ce qui ne gâte rien, affabilité! — Merci, adieu !. dites à tous que la République c'est l'honnêteté, la vérité, le dévouement. Il y a honneur à la servir en tout et partout. Nous l'avons dit.

Rien à ajouter à cette description : c'est une véritable photographie de la Préfecture de police à cette époque. Il est à regretter que l'auteur ne nous ait pas tracé en quelques coups de plume les traits de quelques-unes des personnes qu'il a rencontrées dans le cabinet du Secrétaire général et dont il ne nous cite que les noms ; je vais essayer de réparer cette lacune.

Ce n'était guère que vers 1 heure ou 2 heures du matin que le Secrétariat général était à peu près libre, et qu'on y pouvait un peu respirer ; notons, en passant, que les réceptions commençaient dès 5 heures du matin ; je n'ai jamais pu deviner quand on se reposait dans ce nouvel enfer. A cette heure arrivaient quelques amis intimes ; on allumait les cigares, et les bonnes et gaies causeries d'aller leur train ; on oubliait pour un moment le sérieux de la situation, les lieux où nous nous trouvions tout-puissants, nous, les proscrits de la veille, les appréhensions d'un avenir inconnu.....; l'espérance était dans tous les cœurs qu'épanouissait la satisfaction du labeur accompli. Là était Caubet, chef du cabinet, honnête homme s'il en fût, républicain sincère, qui sut se faire aimer et estimer dans ses difficiles fonctions. Plus tard, Caubet fut révoqué, comme tant d'autres, par le gouvernement de Versailles, sans qu'on ait jamais pu s'expliquer les motifs d'une aussi criante injustice.

Là était encore M. Prunières, secrétaire particulier de Dubost. Ce jeune homme, ancien lauréat des concours généraux, aussi modeste qu'instruit, était d'une distinction parfaite ; toujours prêt à rendre service, il se concilia l'affection de tous et se fit autant regretter dans ces fonctions que dans celles de sous-préfet qu'il occupa plus tard.

Comme je l'ai dit précédemment, le commissariat de police communiquait avec le cabinet du Secrétaire général. Raoul Rigault qui occupait alors ce poste, se hasardait de temps en temps à entrebâiller sa porte et venait égayer la petite réunion de ses lazzis, de ses racontars intarissables et de ses prouesses policières passées et présentes ; après quoi il ne tardait pas à disparaître, heureux d'avoir **produit son effet.**

Raoul Rigault était alors bien connu de toute la presse par les nombreuses condamnations qu'il avait subies, ses démêlés avec le parquet et les mille tours qu'il avait joués à la police impériale.

Il était l'effroi des agents de M. Lagrange, qu'il connaissait à peu près tous et qu'il faisait trembler, parce qu'il savait une foule de particularités sur eux et avait surpris bon nombre de leurs secrets les plus compromettants.

Au 4 septembre, il fut un des premiers à courir à la Préfecture de police ; ses instincts le portaient tout droit aux fonctions de M. Lagrange, chef de la police politique sous l'Empire : c'était l'objet de son ambition. Son goût ou plutôt sa passion pour ce genre d'occupations était tellement exagérée, qu'elle le rendait fatigant pour ses chefs eux-mêmes, sans cesse occupés à modérer son zèle et à le renfermer dans des limites raisonnables. Nous le reverrons plus tard au comble de ses vœux et de son ambition ; à cette occasion je raconterai quelques faits le concernant, qui, par leur antériorité, expliqueront un grand nombre d'actes dont il a été tantôt l'auteur, tantôt le complice.

A l'époque dont il s'agit ici, c'est-à-dire dans les premiers jours qui suivirent la révolution du 4 septembre, Rigault s'entourait déjà de nombreux satellites au milieu desquels il était heureux de trôner, et dont il aimait à entendre les élucubrations excentriques. Plus d'une fois il en rêva déjà l'application ; mais tenu en respect par ses chefs qui ne lui permettaient pas le moindre écart d'imagination, il dut les concentrer en lui-même, suivre la ligne droite et se renfermer absolument dans la limite de ses attributions.

Quelques autres personnes composaient ces petites réunions de nuit : fonctionnaires, journalistes, économistes, philosophes, etc. ; quelques-unes se sont noyées dans des préfectures ; d'autres ont disparu dans la tourmente politique ; les autres, réveillées en sursaut au milieu de leurs rêves humanitaires par la grande catastrophe, se sont barricadées dans leurs cabinets, cherchant dans la science et les lettres un refuge et une douce consolation. Que la paix soit avec eux tous, et n'allons pas, en publiant leurs noms, les rejeter au milieu des agitations de la tempête.

CHAPITRE III

Envahissement de Paris. — L'approvisionnement de la capitale. — La taxe du pain et de la viande. — Arrêtés du ministre de l'Agriculture et du Commerce relatifs à la viande de boucherie. — Conflits.

Cependant l'horizon politique s'assombrissait. Les Prussiens s'avançaient par le Nord et par l'Est. La panique devient générale.

Le 10 septembre, le prince royal de Prusse était à Château-Thierry, et se dirigeait sur la Ferté-sous-Jouarre.

Le 11, on signale leur marche sur Coulommiers, Meaux, Crécy, Soissons.

Le 12, ils entrent à Nogent-sur-Seine et à Provins.

Le 14, les fils télégraphiques sont coupés entre Melun et Mormant.

Le 15, l'ennemi se dirige sur Joinville.

Le 17, il traverse la Seine à Villeneuve-St-Georges; des uhlans apparaissent à Choisy-le-Roi.

Les Prussiens déploient une vaste ligne par Chelles, Montfermeil, Livry, Gonesse ; leurs avant-gardes poussent jusqu'à Pontoise.

Au Nord, à l'Est, à l'Ouest, le cercle se resserre.

Le 20 septembre le fait était accompli !!!!

L'investissement de Paris est complet ; nous sommes séparés du reste de la France : le siège est commencé !

Je n'ai pas à m'occuper ici des grands faits militaires qui s'accomplirent ; bien d'autres, plus autorisés, s'occuperont de ces mouvements stratégiques qui tantôt exaltèrent la joie de la population parisienne, tantôt la plongèrent dans la consternation.

Je constate seulement la stupéfaction et le mouvement de rage qu'éprouvèrent les habitants de Paris, en apprenant qu'ils étaient complètement investis et prisonniers derrière leurs remparts.

Jusque là les *habiles* n'avaient-ils pas ri de la *naïveté* de ceux qui croyaient à la possibilité de bloquer Paris avec son immense périmètre !

Une foi robuste, la foi du charbonnier, entourait encore le gouvernement de la Défense nationale et les chefs qu'il avait choisis pour les opérations de guerre ; aussi la fureur populaire se tourna-t-elle tout entière contre les Prussiens. Partout on voyait ces bêtes-noires, partout on apercevait leurs signaux, on entendait le bruit des pioches qui creusaient des conduits souterrains ; malheur aux individus affligés d'une physionomie germanique : appréhendés au collet, ils étaient impitoyablement traînés, quelquefois avec force horions, chez le commissaire de police qui avait grand'peine à les tirer des griffes de ces énergumènes.

Un jour, c'était un de nos grands cercles envahi par une foule immense, rendue furieuse par la vue de prétendus signaux aperçus dans les combles.

Quelles difficultés pour les agents de l'autorité de faire comprendre à tous ces enragés que les prétendus signaux étaient le fait bien simple d'un membre du cercle, curieux de voir si des mansardes on apercevait les feux ennemis. Arrivé dans les combles, une bougie à la main, il l'avait soufflée pour mieux distinguer ; ne voyant rien, il l'avait rallumée tout simplement pour ne pas redescendre dans l'obscurité. Telle était l'origine des *feux intermittents* qu'on avait aperçus.

Une autre fois, c'était deux ou trois mille personnes le nez en l'air qui stationnaient à la porte St-Denis et se montraient avec des exclamations de fureur un brillant signal placé hors de portée de leur vengeance, ce qui n'en diminuait pas le désir. L'agitation croissait de minute en minute avec l'exaspération ; on pouvait craindre qu'elle ne se tournât sur le premier prétexte venu et ne fît explosion aux dépens de quelque malheureuse victime. Heureusement qu'un Leverrier quelconque surgit de la foule comme un *Deus ex machinâ* et affirma, sur la tête de feu Arago et sur son honneur, que le prétendu signal n'était autre qu'une de nos planètes rendue plus brillante par la pureté de l'atmosphère.

Quelquefois la foule avait à demi-raison et frappait réellement à la porte d'un Prussien ; mais elle était complétement déçue, car le Prussien avait depuis longtemps prudemment rejoint ses compatriotes, et on ne réussissait qu'à jeter le trouble dans une maison et à frapper de terreur une pauvre femme et des enfants qui n'en pouvaient mais de leur consanguinité avec un des ennemis de la patrie.

Le jupon tout troué d'une vieille femme, suspendu à une fenêtre en genre de rideau, jeta tout un quartier en émoi ; les alternatives de lumière qui se produisaient par le passage de la personne qui habitait la mansarde entre sa bougie et le traître jupon, livraient incontestablement les clefs de Paris à ces maudits Prussiens.

Mais ne rions pas ; la population avait raison en fait, si elle ne l'avait en droit, et les abominables trahisons qui se sont dévoilées depuis, ont prouvé une fois de plus que les admirables instincts de Paris ne lui avaient pas plus fait défaut cette fois-là que les autres.

Enfin, pour terminer cet aperçu des mouvements et des émotions qui agitaient alors le peuple, et qui parfois acquéraient une importance et un semblant de certitude d'une extrême gravité, le commissaire du quartier Bonne-Nouvelle nous a raconté qu'un jour, des rapports les plus sérieux lui arrivèrent de toutes parts, l'informant que depuis plusieurs nuits, on entendait distinctement un travail souterrain qui s'opérait dans la direction d'une des branches du grand égout collecteur. Presque convaincu, par des informations aussi positives, ce magistrat prit les mesures les plus complètes pour surprendre les travailleurs nocturnes ; on pénétra de nuit avec beaucoup de peine dans la maison signalée et qui avait été en effet habitée précédemment par un certain nombre de Prussiens ; de nombreux factionnaires avaient été placés dans les rues aboutissantes, de fortes patrouilles de gardes-nationaux les parcouraient dans toute leur longueur. Descendus dans les caves, on y trouva en effet un commencement de travail qui n'aboutissait à aucune issue ; on dut se retirer devant cet insuccès, et on apprit plus tard que ce souterrain avait été creusé par deux frères locataires de cette maison, mais qui ne l'habitaient pas. C'étaient d'honnêtes industriels qui avaient l'intention d'enfouir prudemment les valeurs et effets qu'ils voulaient soustraire à une catastrophe qu'ils redoutaient. Le quartier, qui avait été profondément ému et qui menaçait de se porter en armes contre la maison désignée, fut ainsi rassuré, et la prudence du commissaire conjura un malheur presque certain.

Dès ces premiers jours, la formidable question de l'alimentation commence à poindre.

La taxe du pain est provisoirement établie.

Le Ministre de l'Agriculture et du Commerce fixe le prix de la viande.

La 1re catégorie de bœuf coûte fr. 2 10 le kilog.
La 2e id. id. 1 70 id.
La 3e id. id. 1 30 id.

Le mouton se vend :

La 1re catégorie id. 1 80 id.
La 2e id. id. 1 30 id.
La 3e id. id. 1 10 id.

Avant le complet investissement de Paris, les habitants des localités voisines s'étaient réfugiés en masse dans la capitale. Ils avaient emporté avec eux tout ce qu'ils avaient pu soustraire à l'ennemi : meubles, linge, bestiaux, fourrages, grains, farine, denrées de toute espèce, qui formèrent un certain appoint à l'approvisionnement de l'Etat.

Cet approvisionnement de l'Etat a été, et il est encore aujourd'hui l'objet des plus vives critiques. M. Clément Duvernois, comme ministre de l'Agriculture et du Commerce, en avait été chargé.

Les attaques les plus ardentes et les plus injurieuses ont été dirigées contre ce fonctionnaire ; quelques-unes étaient motivées dans le fond ; bien des abus et des actes répréhensibles se sont produits à cette occasion.

Pouvait-il en être autrement, et faut-il les imputer à M. Clément Duvernois ? Je ne le crois pas. Qu'on se reporte, en effet, à l'époque où fut décidé l'approvisionnement de Paris.

Quelques jours à peine étaient donnés à ce ministre pour pourvoir à l'alimentation de ce Gargantua dont ceux-là seuls qui s'en occupent spécialement, connaissent les appétits féroces.

Je dis ceux-là seuls qui s'en occupent spécialement, et je n'en citerai pour preuve qu'une vingtaine de lettres de gens forts intelligents, que je reçus à une certaine époque, à propos d'un pavillon des Halles centrales bondé de farines que je dus un jour livrer à la consommation, pour y mettre d'autres produits.

On s'effraya extrêmement de voir disparaître en deux ou trois jours « l'approvisionnement de farines. »

Un haut personnage s'en émut profondément et vint me trouver (j'étais alors Inspecteur général des Halles et Marchés de Paris), pour me faire part de ses appréhensions et de celles du public.

Quand je lui eus fait observer qu'un de ces pavillons rempli de sacs de farine jusqu'au faîte, ne fournissait guère que pour deux ou trois jours de pain à Paris, sa stupéfaction fut grande ; mais, en homme d'esprit, il ne put s'empêcher de rire avec moi des folles terreurs du public.

Je disais, avant cette digression, à propos de l'approvisionnement de Paris confié aux soins de M. Clément Duvernois, que ce ministre avait eu un temps excessivement court pour procéder à une opération aussi difficile et aussi compliquée.

Le choix seul des agents employés à ces fins, eût demandé un temps plus long. M. Clément Duvernois n'a donc pu faire autrement que de confier les détails de cette gigantesque opération à une foule de gens qu'il ne pouvait connaître à fond, lesquels, au lieu d'activité, d'intelligence, de probité, ont, — quelques-uns probablement, — commis des négligences, usé de ruse, de fourberie, et n'ont songé qu'à édifier leur propre fortune sur les désastres publics. Par sa position officielle, M. Clément Duvernois a nécessairement endossé la responsabilité de tous les méfaits auxquels ont pu se livrer ses agents. De là ces bruits injurieux contre l'honorabilité de ce fonctionnaire.

Personne, certes, ne m'accusera de sympathiser avec les actes politiques de M. Clément Duvernois, que j'ai de tout temps réprouvés ; mais je crois remplir un devoir de justice et de loyauté en reconnaissant que ce ministre a fait tout ce qu'il était humainement possible de faire pour le ravitaillement de Paris ; je crois que c'est grâce à son activité, à son intelligence, qu'on a pu prolonger au-delà de toutes les limites prévues la défense de la capitale. Je crois en outre que, si on avait su ménager intelligemment les ressources considérables qu'il avait amoncelées dans Paris, on eût non-seulement prolongé la défense, mais peut-être encore sauvé Paris et la France. Nous reviendrons plus tard sur ce sujet.

Deux arrêtés de M. Magnin, ministre de l'Agriculture et du Commerce, donneront une idée de la situation de Paris dans les derniers jours de septembre.

Le premier était ainsi conçu :

Le Ministre du Commerce et de l'Agriculture arrête :

Art. 1ᵉʳ — A partir du mercredi 28 septembre, la vente de 500 bœufs et de 4000 moutons sera mise à la disposition des habitants de Paris.

Art. 2. — La viande provenant de ces animaux sera vendue au détail, directement aux consommateurs, pour le compte de l'Etat, par les bouchers ayant étal, qui se seront fait inscrire dans leurs mairies et se conformeront au tarif établi par la taxe, ainsi qu'aux conditions qui seront fixées par le Ministre de l'Agriculture et du Commerce.

Ar. 3. — La Mairie de Paris et la Préfecture de police sont chargées d'assurer l'exécution du présent arrêté.

Voici les termes du second arrêté :

Le Ministre de l'Agriculture et du Commerce, pendant la durée du siège ;

Vu l'arrêté en date de ce jour ;

Arrête :

Art. 1er. — Dans chaque abattoir, la viande abattue sera délivrée aux bouchers qui, conformément à l'arrêté ministériel du 26 septembre, se seront fait inscrire dans leur mairie.

Cette distribution sera faite proportionnellement à la clientèle dont ils auront justifié.

Art. 2. — Chaque boucher ne pourra s'approvisionner que dans l'abattoir de sa circonscription.

Art. 3. — La viande sera livrée à l'abattoir et vendue comptant à chaque boucher, au prix déterminé par la taxe, déduction faite de 20 centimes par kilogramme pour leurs frais.

Art. 4. — Les bouchers seront autorisés à se constituer en syndicat pour faciliter l'exécution du présent arrêté.

A partir de ces mesures devenues nécessaires, une certaine animosité s'établit entre les bouchers et leurs clients. Ces derniers se plaignaient d'être mal servis ou de ne l'être, parfois, pas du tout. Ils accusaient les bouchers de dissimuler les meilleurs morceaux pour servir des pratiques qui les payaient plus cher que la taxe. Les murmures étaient sans cesse sur le point de dégénérer en voies de fait, et les bouchers menacés de rien moins que d'être pendus aux grilles de leurs boutiques. La position était très-tendue.

Les commissaires de police eurent fort à faire pour maintenir le bon ordre et empêcher les catastrophes de se produire. Les bouchers ne cessaient de protester de leur bonne foi, de leur patriotisme ; certains faits venaient chez quelques-uns démentir leurs protestations, et, malgré les avis de l'administration et le danger qu'ils couraient, bien des récidives se produisirent.

On employa la garde nationale, les vétérans pour maintenir l'ordre et surveiller la loyauté des transactions ; mais on reconnut bientôt que beaucoup de ceux-ci, de connivence avec les bouchers, fermaient les yeux sur leurs actes répréhensibles.

C'étaient des gardes nationaux du quartier, le plus souvent d'anciens clients qui ne demandaient pas mieux, pour être favorisés, que de devenir sourds et aveugles.

En attendant, les plaintes tombaient drù comme grêle dans les commissariats, et à chaque instant des hommes, des femmes, devenus furieux, réclamaient justice à grands cris. Les commissaires ne savaient auquel entendre et, exaspérés à leur tour, portaient plaintes sur plaintes à la Préfecture, aux Mairies ; en attendant, les délits restaient impunis, les plaintes se perdaient dans les cartons. On avait à penser à bien d'autres choses !

CHAPITRE IV

L'Héritage de l'Empire. — Situation politique et militaire. — Perquisitions chez MM. Bernier, juge d'instruction sous l'Empire, et Zangiacomi conseiller à la Cour de cassation. — Les missions de la Garde nationale. — Les femmes des gardes-nationaux.

L'Empire avait laissé un singulier héritage à ses successeurs : l'ennemi au dehors, l'ennemi au dedans.

La question du premier pouvait se résoudre à coups de canon; celle du second demandait une grande vigilance, une profonde habileté, beaucoup de tact, de prudence, de patience, et exigeait de difficiles recherches. Le nouveau Gouvernement ne faillit pas tout d'abord à ette laborieuse mission : il ne perdait de vue i les uns ni les autres.

La garde nationale, la garde mobile s'in-truisaient, s'exerçaient dans toutes les rues, ur toutes les places ; des nuées d'ouvriers ravaillaient aux fortifications ; nuit et jour n confectionnait des équipements militaires, n forgeait des armes, on coulait des canons ; es munitions de guerre s'entassaient comme ar enchantement. Paris reprenait confiance et cclamait avec transport l'ordre du jour du énéral Trochu, qu'il fit afficher le jour même où les avant-gardes prussiennes arrivaient en ue de Paris et où il passait cette belle revue des troupes de toutes armes qui s'étendaient du Champ de Mars à la Bastille :

Aux gardes-nationaux et aux gardes-mobiles des départements.

Jamais aucun général d'armée n'a eu sous les yeux le grand spectacle que vous venez de me donner.

Trois cents bataillons de citoyens organisés, armés, encadrés par la population tout entière acclamant, dans un concert immense, la défense de Paris et la liberté !

Que les nations étrangères qui ont douté de nous, que les armées qui marchent sur vous ne l'ont-elles entendu!

Elles auraient eu le sentiment que le malheur a plus fait en quelques semaines pour élever l'âme de la nation, que de longues années de jouissances pour l'abaisser.

L'esprit de dévouement et de sacrifices vous a pénétrés, et déjà vous lui devez le bienfait de l'union de cœur qui va vous sauver.

Avec notre formidable effectif, le service journalier de la garde nationale ne sera pas de moins de 70,000 hommes en permanence. Si l'ennemi, par une attaque de vive force ou par surprise, ou par la brèche ouverte, perçait l'enceinte, il rencontrerait les barricades dont la construction se prépare, et ses têtes de colonnes seraient renversées par l'attaque successive de dix réserves échelonnées.

Ayez donc confiance entière, et sachez que l'enceinte de Paris, défendue par l'effort persévérant de l'esprit public et par trois cent mille fusils, est inabordable.

Gardes-nationaux de la Seine et Gardes-mobiles,

Au nom du gouvernement de la Défense nationale, dont je ne suis devant vous que le représentant, je vous remercie de votre patriotique sollicitude pour les chers intérêts dont vous avez la garde.

A présent, à l'œuvre dans les neuf sections de la défense!

De l'ordre partout, du calme partout, du dévouement partout.

Et rappelez-vous que vous devenez chargés, je vous l'ai déjà dit, de la police de Paris pendant ces jours de crise. Préparez-vous à souffrir avec constance. A cette condition vous vaincrez.

Trochu.

Belles paroles qui se gravèrent profondément dans le cœur de la population et de ses défenseurs. Pendant bien des jours, elles coururent de bouches en bouches, et la présence de l'ennemi ne fit que redoubler la confiance qu'elles avaient inspirée.

Hélas ! ce n'était que des paroles ou plûtôt d'insignes mensonges ! Celui qui les proférait ne croyait pas, dès lors, à la possibilité de la défense, et prenait déjà, avec ses acolytes, toutes ses dispositions, dressait son fameux plan qui devait aboutir à la capitulation qui les a déshonorés. Si jamais justice se fait, cette proclamation sera le plus formidable réquisitoire que le ministère public puisse prononcer contre ce général-capitulard qui, de son propre aveu, disposait de forces formidables qu'il ne sut et ne voulut jamais employer, et qu'il fit lâchement décimer dans des entreprises insensées.

Le gouvernement de la Défense nationale,

rassuré du côté des Prussiens, ne laissait pas d'avoir quelques inquiétudes vis-à-vis certains agitateurs de l'intérieur qui cherchaient à jeter le trouble et l'effroi dans les masses ; ces traîtres, représentants d'anciens partis, entretenaient des intelligences avec l'ennemi qu'ils tenaient jour par jour et pour ainsi dire heure par heure au courant de toutes les mesures prises pour la Défense nationale. Il était urgent de prendre des mesures de sûreté. La Préfecture de police républicaine ne faillit pas à ses devoirs. L'opinion publique, à tort ou à raison, accusait les agents bonapartistes de ces odieuses manœuvres qui tendaient à livrer à l'ennemi, Paris et la France.

On s'occupa activement de rechercher les fils de ces machinations et de pénétrer les secrets des personnages initiés aux mystères de l'Empire. Des soupçons graves pesaient surtout sur les agents de la police impériale, qui, pour la plupart, s'étaient empressés de prendre la fuite. On en arrêta quelques-uns qui firent des aveux complets.

La note suivante parut au *Journal Officiel* :

Journal officiel, 1ᵉʳ octobre 1870.

Il est démontré aujourd'hui que, sous le second Empire, la Préfecture de police s'était transformée en un véritable laboratoire de complots, conçus, organisés ou provoqués par MM. Lagrange et Piétri.

Sauf les attentats d'Orsini et de Pianori, et le dernier mouvement de La Villette, on retrouve la main de la police impériale dans tous les procès célèbres qui ont tant servi à la consolidation du régime déchu.

Vers 1863, par exemple, éclate le fameux complot, dit des quatre Italiens, dont le principal instigateur, nommé Grecco, paie sa complicité apparente par sa condamnation à la déportation perpétuelle. Or, le dit Grecco, agent secret et payé de M. Lagrange, était nuitamment élargi de Mazas par M. Lagrange, mis en liberté, et recevait les fonds nécessaires pour se rendre en Amérique où, pendant de longues années, le gouvernement impérial lui a assuré une pension annuelle de 6,000 fr. Grecco avait changé de nom, et s'appelait Rubotti, pseudonyme sous lequel il était revenu dans ces derniers temps à Paris, seconder la police de la Préfecture. Grecco est aujourd'hui sous les verroux, et a signé lui-même la déclaration de ses méfaits.

Peu avant ces événements, le même Lagrange s'était rendu à Florence, accompagné de plusieurs de ses agents, parmi lesquels Alessandri, Sauret, Labouret, Nicque, Poulins, etc.; leur mission avouée avait pour but l'enlèvement ou l'assassinat de Mazzini. Plusieurs des complices de cette tentative avortée sont aussi renfermés à la Conciergerie. Leurs aveux écrits feront foi devant la justice.

En 1869, des agents de police, toujours sous les mêmes ordres et vêtus de blouses blanches, brisent les kiosques. L'amnistie coupa court à l'instruction ; mais l'amnistie n'a pas supprimé les traces de la provocation soudoyée.

En 1870, en ce qui concerne les divers complots jugés récemment à Blois, il résulte des pièces et des révélations recueillies, qu'ils ont été provoqués et organisés en partie par MM. Lagrange, Piétri (préfet de police), Jules Ballot, Guérin, Beaury, Bernier (juge d'instruction), et plusieurs autres. Guérin était depuis longtemps un agent secret ; Beaury et Ballot le devinrent quelques mois avant le complot. Ballot n'avait pas craint de demander 500,000 francs ; il en avait touché déjà 20,000 qui lui avaient servi à payer ses sous-agents.

M. et Mme Ballot ont fait tous les aveux et ont signé leurs dépositions, acquises aujourd'hui à l'enquête. Il résulte encore des déclarations de témoins, que ces divers complots avaient été vivement poussés sur l'ordre même de M. Piétri, pour favoriser le plébiscite.

M. le juge d'instruction Bernier, dans les différentes affaires dont il s'est occupé, a pris une part importante à ces machinations. Il est certain notamment qu'il faisait ses instructions dans le cabinet du sieur Lagrange.

Des arrestations nombreuses ont eu lieu déjà, des perquisitions sont faites chez diverses personnes fortement soupçonnées. La justice est saisie.

Quant à certaines individualités dont la presse s'est occupée, sans pouvoir utilement nommer personne, on est en possession de documents que le Préfet de police est décidé à faire connaître au fur et à mesure de la marche de l'instruction, qui se poursuit rapidement.

Quelques magistrats, suivant l'exemple de leurs collègues des commissions mixtes, n'avaient pas craint de s'associer à ces manœuvres. Des perquisitions furent ordonnées notamment chez MM. Bernier, juge d'instruction, et Zangiacomi, conseiller à la Cour de cassation.

Les journaux du temps ont raconté ces épisodes avec force commentaires. Voici ce que dit à ce sujet un ouvrage précieux à consulter, écrit très-consciencieusement et publié sous le titre : *Le Siège de Paris*, par Adolphe Michel, rédacteur du *Siècle*:

Dans cette nuée de défenseurs de la famille et de la religion, que le second Empire avait donnés à la France, on remarquait M. Bernier, juge d'instruction, homme dévoré d'un zèle extraordinaire. M. Bernier poussait très-avant l'amour de la justice. Il découvrait des coupables parmi les innocents, et savait même échafauder un complot contre la sûreté de l'Etat, pour le malheur des gens qui n'avaient pas le don de plaire à M. Bonaparte, ou à M. Piétri, ou même à M. Bernier.

M. Piétri comptait beaucoup sur M. Bernier, et, de son côté, M. Bernier s'efforçait de mériter la confiance de M. Piétri.

Naturellement, M. Bernier s'envola de Paris le 4 septembre, avec tous les oiseaux de proie qui s'éloignèrent de France en ce jour mémorable.

On fait une descente chez lui. L'intègre magistrat habitait un appartement de la rue La Bruyère. Le commissaire de police découvre là des objets fort édifiants : sur la table d'un salon somptueux, une statue de la Vierge, des vignettes pieuses, des ouvrages approuvés par les prélats ; mais passons à côté, dans un boudoir..... M. Bernier avait compris l'Empire.

Les papiers saisis chez lui, révèlent la correspondance active qu'il entretenait avec les personnages intimes de l'ex-empereur, Fleury, Conti, Piétri et consorts. On attend quelques lumières de cette correspondance.

Le reçu de perquisition, délivré le 25 septembre 1870 au commissaire de police qui en en fut chargé, complétera ce récit déjà fort épicé.

RÉPUBLIQUE FRANÇAISE.

CABINET
DU
Préfet de Police.

Reçu de M. le Commisaire du quartier Bonne-Nouvelle :

1° Un procès-verbal de perquisition chez la dame Degrez, maîtresse de M. Bernier, juge d'instruction. (1)

2° Six scellés (paquets et caisses) formés de papiers appartenant à M. Bernier, et saisis chez cette dame.

Le sous-chef du 1er bureau,
Signé : COLLET.

La perquisition opérée chez M. Zangiacomi, conseiller à la Cour de cassation, ne fut pas moins intéressante ; ses résultats furent très-importants.

Evidemment ce magistrat était parti avec précipitation et n'avait pas pris la peine de mettre ses papiers en ordre. C'était, pour des étrangers, un véritable fouillis ; lui seul pouvait se reconnaître dans cet amas de paperasses.

Des ordres tout-à-fait spéciaux avaient été

---

(1) M. Bernier n'avait, en effet, à cette époque, pas d'autre domicile que celui de sa maîtresse.

donnés au commissaire chargé de cette perquisition ; son attention devait se porter notamment sur les papiers relatifs aux procès politiques auxquels M. Zangiacomi avait pris part.

Après de minutieuses recherches de plusieurs heures, et quoiqu'il lui fût passé par les mains beaucoup de papiers d'une haute importance, le commissaire ne trouvait pas trace du fameux procès de Blois. Supposant que ces papiers avaient été déjà soustraits, il allait terminer là son opération, quand un trait de lumière traversa son esprit : la disposition anormale de l'appartement décelait un mystère ; les murailles cependant avaient été soigneusement sondées, on avait même découvert derrière un tableau une armoire secrète contenant des vins fins et des liqueurs, mais pas de trace de papiers ; on recommença la perquisition ; enfin, derrière une tenture on découvrit une petite porte secrète.

Le concierge qui assistait à l'opération fut sommé d'ouvrir cette porte, ce qu'il fit sans hésiter, et on pénétra dans un appartement formant bibliothèque et cabinet de travail.

On était dans le *Sanctum Sanctorum*, dans l'atelier où se fabriquaient ces monstrueux dossiers qui envoyaient les républicains à la déportation et à la mort.

Quand la République publiera-t-elle toutes ces turpitudes, fera-t-elle la lumière sur toutes ces iniquités, rendra-t-elle justice à tous ces innocents, victimes des fureurs d'un régime aux abois, qui cherchait à briser tout ce qui lui faisait obstacle? Quand ces odieux attentats aux personnes, à la liberté, à la morale, recevront-ils le juste châtiment qu'ils ont mérité? Hélas! qui le sait, peut-être jamais! La République est, par nature, par caractère, par tempérament, si généreuse, si oublieuse des injures! A peine les plaies que lui ont faites ses ennemis sont-elles cicatrisées, qu'elle a déjà le pardon sur les lèvres et que sa main s'avance en signe de réconciliation. Pauvre République! qui oserait blâmer tes sublimes faiblesses, tes vertus? Ne sont-elles pas ton diadème, à toi?

Chose étrange, en visitant par acquit de conscience un fouillis de papiers destinés évidemment à la hotte du chiffonnier, on trouva, froissés comme le reste, un billet de mille francs et un autre de cent francs. De crainte que, dans ces jours de troubles, ils ne vinssent à s'égarer, ils furent joints aux autres papiers mis sous scellés, et portés à la Préfecture qui le constata par le reçu suivant :

RÉPUBLIQUE FRANÇAISE.

CABINET
DU
Préfet de Police.

Reçu de M. le Commissaire de police du quartier Bonne-Nouvelle.

1º Un procès-verbal de perquisition, affaire Zangiacomi ;

2º Une caisse et un panier scellés, contenant des papiers, dossiers, lettres, etc., saisis chez M. Zangiacomi ;

3º La somme de onze cents francs en un billet de banque de mille francs et un de cent francs, trouvés chez M. Zangiacomi dans un fouillis de papiers.

Le sous-chef du 1ᵉʳ bureau,
Signé : COLLET.

Tel fut le résultat de ces deux perquisitions, qui firent un certain bruit, en raison de la notoriété des deux personnages chez lesquels elles furent opérées.

Malgré le tact, la délicatesse et la discrétion qu'apporta le commissaire de police dans l'exécution de sa pénible mission, l'un de ces Messieurs ne put s'empêcher de laisser voir son dépit, et de proférer des paroles de blâme et de menaces contre ce fonctionnaire.

Qu'eût-ce été s'il avait agi à la façon des fonctionnaires de l'Empire !

Si, aux époques de révolution, les mauvais instincts de quelques-uns remontent à la surface, il ne faut pas le nier, les brillantes qualités des masses surgissent en même temps, et ne tardent pas à les rejeter dans les bas-fonds.

Après le 4 septembre, la police des rues, la police urbaine n'existait plus, et jamais pourtant elle ne fut mieux faite. Chaque citoyen était fier de veiller à la sûreté de tous ; et s'il existait encore quelques malfaiteurs, traqués par tous dans leurs plus intimes repaires, leur pouvoir malfaisant ne parvenait pas à se faire jour.

La garde-nationale, admirable dans son zèle, suffisait à tout et accomplissait quelquefois même les plus dangereuses, les plus répugnantes missions avec un entrain et une abnégation dignes des plus grands éloges : perquisitions dans les lieux bien connus pour être fréquentés par les hôtes des bagnes, perquisitions dans les maisons mal famées, dans celles désignées pour recéler des agents de la Prusse, rien n'arrêtait le zèle de ces honorables citoyens, la plupart pères de famille, qui ne connaissaient que par ouï-dire les hontes et les turpitudes de notre civilisation.

Toutes ces opérations s'effectuaient avec un ordre, un tact, un sang-froid admirables. La tranquillité publique n'eut jamais à en souffrir, et elles étaient accomplies bien longtemps avant que le public en eût connaissance.

Nous devons ici un éloge aux commissaires de police de la République, qui les conduisirent avec une rare habileté, un dévouement sans borne, et en véritables patriotes.

Investis des pouvoirs les plus étendus, ils ne s'en servirent jamais que pour le maintien du bon ordre, des droits de chacun et de la tranquillité de tous. Le plus souvent, ils remplissaient véritablement les fonctions de juges de paix. On s'adressait à eux pour toute espèce de cas, le plus souvent bien en dehors de leurs attributions ; plus d'une famille leur dut le retour à la paix intérieure ; plus d'un intérêt, injustement froissé, reçut par leur intervention morale, complète satisfaction ; plus d'un esprit, momentanément égaré, grâce à de bons conseils revint au calme et rentra dans la ligne droite. Mais, soyons justes, ils reçurent en récompense les sympathies de leurs administrés, qui se prouvèrent en toutes occasions et qui les accompagnèrent jusque dans leur retraite, conséquence des événements politiques qui ne tardèrent pas à surgir.

Il serait souverainement injuste et ingrat de passer sous silence le dévouement, le courage, l'abnégation dont firent preuve, dès ces premiers jours, les héroïques femmes des gardes-nationaux. Sur tous les points de la capitale, elles organisèrent des ambulances, des secours pour les blessés, pour leurs femmes et leurs enfants, des quêtes, des approvisionnements de toute espèce ; leur charité était inépuisable, leur patriotisme sans borne ne connaissait aucun obstable ; elles allèrent jusque sous le feu de l'ennemi relever les blessés, portaient aux remparts des nouvelles aux combattants et en rapportaient à leurs familles, plongées dans les plus vives inquiétudes, soignaient les pauvres enfants, rendaient le courage et l'espérance aux femmes moins courageuses et accomplissaient des tâches souvent bien difficiles pour quelques-unes d'entre elles qui n'en avaient pas l'habitude.

Elles furent d'autant plus admirables que, chose pénible à dire, mais qui n'en est pas moins constante, ces femmes si dévouées, si ardentes au bien public, eurent à surmonter des obstacles incroyables pour donner libre cours à leur charité, à leur dévouement ; dès leurs premières démarches, elles vinrent se heurter, quelquefois même se briser contre la routine administrative, que les hommes appelés au pouvoir du 4 septembre, loin d'avoir détruite, avaient au contraire considérablement fortifiée. L'ineptie, l'impuissance de la plupart d'entr'eux, leur avaient fait conserver tous les rouages administratifs du régime impérial et se renfermer dans leurs pachaliks, heureux et fiers de leurs oripeaux.

Parmi de nombreux exemples des tribulations, des dangers même qu'eurent à affronter ces admirables femmes dans l'accomplissement de leurs bonnes œuvres, je n'en citerai qu'un seul, parce qu'il s'applique justement à une femme dont l'esprit, le talent, la réputation, la condition sociale et de nombreuses relations auraient dû faciliter les démarches et mettre à l'abri du mauvais vouloir, des tracasseries et des difficultés apportées par une administration rancunière et inepte.

Mme de Blumenthal, bien connue par les charmantes lettres qu'elle écrivit il y a quelques années au *Figaro*, sous le pseudonyme de *Colombine*, prit, une des premières, l'initiative de fonder une œuvre de secours qui, sous le titre d'*Infirmières parisiennes*, viendrait en aide à tous les malheurs et à toutes les misères dont Paris allait être le théâtre.

Malgré la sainteté de la mission patriotique qu'elle entreprenait avec cinq cents femmes de gardes-nationaux qui s'étaient groupées à l'entour d'elle, malgré de puissantes protections et l'appui moral que lui prêtaient tous les habitants du quartier Bonne-Nouvelle, où elle s'était fixée, elle eut à subir non-seulement les attaques des ennemis du pays qui compromirent plusieurs fois ses jours, mais les résistances aussi aveugles qu'obstinées d'une administration ennemie de tout ce qui pouvait aider au salut de la patrie.

Une lettre que cette dame me fit l'honneur de m'écrire à cette époque, donnera une idée des tribulations qu'il fallait subir même pour faire le bien, sous l'administration si judicieusement conservée par le gouvernement *révolutionnaire* du 4 septembre.

Monsieur,

Est-il vrai que vous quittiez notre quartier ? J'en aurais pour ma part un vif chagrin : vous aviez été si bon pour nous. Il s'en faut de beaucoup que nous rencontrions ailleurs la même bienveillance.

La Mairie se montre bien rude pour moi ; je ne sais comment, après m'avoir mieux accueillie certainement que je ne mérite, M. le Maire semble me témoigner le désir de me voir renoncer à mes infirmières ; « elles n'appartiennent pas, dit-il, au service municipal. » Mais ne dépendait-il pas de lui de les y rattacher ?

M. Ernest Picard m'obtient l'autorisation du Gouvernement ; mais tout cela entraîne des longueurs infinies. Pendant ce temps-là, je manque de protection, et cela a de si tristes conséquences, qu'hier ma porte a failli être défoncée, que j'ai été menacée jusque chez moi et que j'ai cru que j'allais devenir victime de ces bons voisins que vous savez. Ils avaient été demander du renfort au *Club républicain*, et on répétait la jolie phrase: « Se faire justice soi-même! »

Quand j'ai pu m'échapper, j'ai couru au commissariat; mais le secrétaire n'a pu prendre sur lui de m'envoyer deux gardes-nationaux : il m'a renvoyé à la Mairie. Pendant ce temps, ma pauvre femme de chambre soutenait le choc. Ce qu'on me reprochait, c'était de m'appeler « Blumenthal » ; on voulait que je fusse la femme d'un général prussien de ce nom. (J'ai dû montrer mes papiers à ces inquisiteurs.)

A la mairie, Maire et Adjoints étaient absents. Un jeune employé m'a promis de s'occuper « de cela » un peu plus tard, quand il aurait fait des courses urgentes.

Pendant ce temps-là, on assiégait ma malheureuse femme de chambre, sans obtenir qu'elle débarricadât la porte du carré. A bout de patience, j'ai couru au ministère des Finances. Le Ministre et son Secrétaire, M. Liouville, [1] étaient absents. A leur défaut, le chef de cabinet a été excellent. Il m'a donné un secrétaire pour me conduire à l'Etat-Major de la place, pour demander des gardes-nationaux.

[1] Fils du célèbre avocat Liouville, un vieil ami de Mme de Blumenthal.

Après avoir expliqué que je venais de la part du Ministre, mon secrétaire-guide m'a quittée; et l'officier qui nous avait reçus m'a conduite à un gros vieux général, retiré dans la peau d'un chef d'état-major de la garde nationale, si mécontent de sa situation qu'il n'a plus conscience de ce qu'il dit. Il m'a promis que si nous étions maltraitées ou tuées, on punirait nos assassins! mais il ne pouvait nous protéger. Il a fini par me conseiller d'aller trouver le Préfet de police.

J'y suis allée. Il était onze heures et demie, M. le Préfet était absent; M. le Secrétaire général absent aussi. A sa porte, un garçon de bureau a été impoli jusqu'à la grossièreté.

On m'a renvoyée à plusieurs chef de l'administration de la Police : tous absents.

Enfin, après une heure de promenade à travers les corridors suspendus du labyrinthe de la Préfecture, je suis venue au chef de la Police municipale. Celui-là n'était pas absent, et s'il n'a pu me faire protéger, du moins il m'a écoutée et répondu..... Mais je craignais pour mon pauvre intérieur, pour mes papiers et surtout pour ma pauvre femme de chambre..... Le chef de la Police municipale m'avait dit d'aller requérir assistance au poste Bonne-Nouvelle. Le premier il avait eu cette idée si simple, qui ne m'était pas venue. Je remontai vite en voiture ; mais avant d'aller au poste, je revins chez moi. Nos assiégeants s'étaient lassés, promettant de revenir demain, c'est-à-dire aujourd'hui.

Vous voyez comme j'ai été malheureuse, par ce seul

fait que vous n'étiez plus là pour prendre les mesures propres à assurer notre sécurité.

Croyez, etc.

Voilà quelles étaient les tribulations auxquelles étaient exposés les gens de bien, les vrais patriotes, dès les premiers jours de la révolution, grâce à l'inertie, à l'incapacité ou à la complicité des hommes qui s'étaient placés à sa tête ; mais à quoi bon récriminer ? Ces hommes, pour la plupart, avaient perdu la première République en 1848 ; n'ayant rien appris, rien oublié, ils devaient suivre les mêmes errements et faire tout ce qu'il fallait pour perdre la seconde. La suite des événements ne nous le prouvera que trop.

CHAPITRE V

Coup d'œil sur la situation politique de Paris et de la France. — Léon Gambetta. — MM. Jules Favre et de Bismark. — Journée du 30 septembre. — Les bulletins du chef d'Etat-major général Schmitz. — Souvenirs de la Préfecture de police. — L'Inspection générale des Halles et Marchés. — Ses services. — Les facteurs.

Il y avait quatorze jours que Paris était complétement investi et ne communiquait plus avec la province que par la voie des airs. Les ballons remplaçaient ses chemins de fer, les pigeons, ses courriers.

Dès la deuxième journée, des engagements avaient eu lieu aux alentours de Vitry, Villejuif, Arcueil, Bagneux, Clamart et Châtillon.

Ce premier début ne fut pas heureux : des hommes qui avaient pris, dans les mauvais jours de l'Empire, l'habitude de lâcher pied au premier obstacle, se débandèrent. C'étaient pour la plupart des zouaves ; ils se répandirent dans les rues, criant à la trahison, et cherchant à jeter l'effroi et le découragement dans tous les cœurs.

Ici se révéla l'homme qui plus tard devait galvaniser la France entière, improviser des armées, leur créer des chefs et sauver l'honneur national.

Au moment de cette humiliante débandade, M. Gambetta, qui se trouvait au fort de Bicêtre, tremblant de rage et d'indignation, tire son carnet et rédige la proclamation suivante, bientôt affichée sur tous les murs de Paris :

CITOYENS,

Le canon tonne. Le moment suprême est arrivé.

Depuis le jour de la révolution, Paris est debout et en haleine. Tous, sans distinction de classes ni de partis, vous avez saisi vos armes pour sauver à la fois la Ville, la France et la République.

Vous avez donné dans ces derniers jours la preuve la plus manifeste de vos mâles résolutions : vous ne vous êtes laissé troubler ni par les lâches ni par les tièdes ; vous ne vous êtes laissé aller ni aux excitations ni à l'abattement ; vous avez envisagé avec sang froid la multitude des assaillants.

Les premières atteintes de la guerre vous trouveront également calmes et intrépides ; et si les fuyards venaient, comme aujourd'hui, porter dans la cité le désordre, la panique et le mensonge, vous resteriez inébranlables, assurés que *la cour martiale qui vient d'être instituée par le Gouvernement pour juger les lâches et les déserteurs*, saura efficacement veiller au salut public et protéger l'honneur national.

Restons donc unis, serrés les uns contre les autres, prêts à marcher au feu, et montrons-nous les dignes fils de ceux qui, au milieu des plus effroyables périls, n'ont jamais désespéré de la Patrie.

Paris, le 19 septembre 1870.

Le Membre du Gouvernement, ministre de l'Intérieur,

Léon GAMBETTA.

Ce premier échec fut plutôt moral que matériel ; il eut pour résultat de surexciter l'héroïsme des défenseurs de Paris et d'exciter la jactance de M. de Bismark qui eut, dit-on, l'indignité de prononcer ces sauvages paroles : « J'entrerai dans la ville, quand j'en devrais pour cela brûler la moitié..... »

Il nous le fit bien voir.

Les combats de Villejuif et de Saint-Denis, du 23, dans lesquels l'ennemi éprouva de sérieuses pertes, répondirent à ces odieuses forfanteries.

Cependant la république des Etats-Unis, la république Helvétique, l'Italie, l'Espagne, le Portugal reconnaissaient officiellement la République française.

Les autres gouvernements autorisaient leurs agents à entretenir avec nous des rapports officieux.

Ces sympathies pouvaient déjà faire supposer que, *proprio motu*, ces puissances chercheraient à intervenir et à mettre un terme à une guerre qui n'avait pas de raison d'être, puisque la nation, consultée deux fois, aux élections de 1869 et au vote du plébiscite, avait énergiquement adhéré à une politique de paix et de liberté, et que ceux qui en avaient été les véritables et aveugles promoteurs, avaient disparu de la scène politique.

La Prusse voulait-elle faire à la France une guerre que celle-ci répudiait, et qui était la principale cause du renversement de la dynastie napoléonienne?

C'est sous cette impression que M. Jules Favre crut devoir prendre sur lui de provoquer une entrevue avec M. de Bismark.

Il ne résultta de cette entrevue que beaucoup d'humiliations pour M. Jules Favre que, plusieurs fois, de son propre aveu, le chancelier de la Confédération du Nord ramena au sentiment des convenances nationales, dont il s'écartait par excès de zèle et d'humilité. Ainsi, sur l'observation que lui fit M. de Bismark, que l'ancienne opposition, qui aujourd'hui était dépositaire du pouvoir, avait en effet toujours condamné la guerre, mais était à cette heure un pouvoir bien précaire, M. Jules Favre répondit humblement : « Qu'ils étaient prêts à le déposer entre les mains de l'Assemblée déjà convoquée. »

Cette assemblée, reprit vivement M. de Bismark, aura des desseins que rien ne peut faire pressentir : *mais si elle obéit au sentiment Français, elle voudra la guerre.* Vous n'oublierez pas plus la capitulation de Sedan que Waterloo, que Sadowa qui ne vous regardait pas !

M. Jules Favre n'osa pas traîner aux pieds du Prussien la future assemblée, comme il venait d'y traîner, à son insu, le gouvernement de la République. Il continua encore quelques instants ses palinodies, cherchant à enlacer l'homme de fer dans ses arguties de palais ; mais celui-ci, impatienté, le congédia brutalement en lui jetant à la face ces paroles insolentes : « Strasbourg est la clef de la maison, je dois l'avoir. »

M. Jules Favre n'était pas content de ce premier affront : il lui en fallait un second. Insistant pour en savoir davantage, le Chancelier ajouta dédaigneusement, et comme un homme à bout de patience et de dégoût : « Les deux départements du Bas et du Haut-Rhin, une partie de celui de la Moselle avec Metz, Château-Salins et Soissons, me sont indispensables. » M. Jules Favre, insistant toujours, (ce n'était pas assez !) le Chancelier, d'une voix brève, lui dit : « C'est inutile, nous ne pouvons nous entendre ; c'est une affaire à régler plus tard ! » Cette fois-ci, le comte avait marché sur la queue du rampant ; il releva la tête en sifflant aux oreilles du barbare ces paroles qui seraient sorties dès les premiers mots de cette insultante conversation, d'un cœur véritablement patriote : « Nous n'accepterons jamais de pareilles conditions ; nous pouvons périr comme nation, mais non nous déshonorer. D'ailleurs, le pays est seul compétent pour se prononcer sur une cession territoriale ; nous ne doutons pas de son sentiment, mais nous voulons le consulter. »

Nous ne doutons pas de son sentiment !

Quelle promesse jésuitique faisait donc ce triste représentant de la nation dans cette phrase ambiguë ?

La suite des événements, le sacrifice monstrueux de l'Alsace et de la Lorraine prouveront jusqu'à l'évidence, ou que M. Jules Favre ne connaissait pas le sentiment du pays ou qu'il le compromettait lâchement auprès de cet homme devant lequel il ne savait verser que de honteuses larmes.

Il était plus que temps de se retirer ; M. Jules Favre sollicita encore de nouvelles entrevues. La première eut lieu le lendemain soir, de neuf heures et demie à minuit ; elle fut assez froide ; on y parla de la convocation d'une assemblée, d'un armistice ; les conditions en furent très-vagues, M. de Bismark se réservant de consulter le Roi. Rendez-vous fut pris pour le lendemain, à onze heures, et on se sépara.

L'homme du Nord se frottait les mains : il avait trouvé le seul Français auquel il pût tout dire, qui pût accepter les conditions les plus odieuses, les plus humiliantes, sans éprouver des transports de rage.

Aussi, dès cet instant, il ne le quitta plus ; ce fut à cet homme, dont l'oreille s'était germanisée, qu'il put confier toutes ses convoitises et ses élucubrations de soudard conquérant.

C'est ce même homme qui, plus tard, après plus de onze mois d'occupation prussienne, recommandait aux populations exaspérées par les plus odieuses exactions, la patience, l'abnégation, l'humilité, et les engageait à ne pas offenser ces honorables prussiens, afin de s'éviter des maux plus grands encore !

C'est ce même homme, bien certainement la cause principale des désastres et de l'humiliation de la France, qu'il eût voulu jeter à côté de lui aux genoux de son maître, qui reçut finalement le châtiment de ses actes et de ses paroles anti-français, en encourant le mépris universel. Un procès scandaleux, dans lequel il fit les plus humiliants aveux, vint mettre un terme à une carrière politique flétrie à tout jamais par ses derniers actes.

A l'entrevue du lendemain, on n'y mit plus de pudeur. M. de Bismark réclama Strasbourg, Toul, Phalsbourg, un fort dominant la ville, celui du Mont-Valérien, par exemple.

C'en était trop, cette fois, même pour les oreilles les plus complaisantes et les genoux les plus flexibles. — Il serait plus simple de demander Paris, M. le comte, s'écria M. Jules Favre ; vous oubliez que vous parlez à un Français. (Vraiment !) Sacrifier une garnison héroïque qui fait notre admiration et celle du monde, serait une lâcheté..... et je ne vous permets pas de dire que vous m'avez posé une telle condition.

Le comte fit un semblant d'excuse ; le tour était joué ; il savait dorénavant jusqu'où il pouvait aller avec un pareil négociateur, et se promit bien de ne pas le lâcher. On verra plus tard qu'il se tint parole et qu'il en fit entendre bien d'autres à ces oreilles *françaises* !

La canonnade des forts continue sans cesse.

Les élections municipales de Paris, fixées au 28 septembre, ainsi que celles à l'Assemblée nationale fixées au 2 octobre, sont ajournées, vu les obstacles matériels apportés à l'exercice des droits électoraux par les événements militaires.

On publie la première livraison des papiers saisis aux Tuileries ; le public est édifié sur le trafic des convictions bonapartistes, qui se faisait sous l'Empire. Il touche du doigt l'emploi de ces monstrueux budgets qui, au lieu de servir à l'armement de nos troupes de terre et de mer, au développement de l'industrie, du commerce, de l'instruction publique, allaient s'engouffrer dans l'escarcelle de tous ces vampires impériaux.

L'ennemi se retranche, creuse des fossés, élève des redoutes ; nous les canonnons vivement et préparons nos remparts à le recevoir le mieux possible.

Le général Trochu institue des cours martiales à Vincennes et à Saint-Denis dans le but « de réprimer les attentats à la propriété, le maraudage, le vol, l'espionnage qui se propagent dans la banlieue de Paris. » La journée du 29 septembre est un peu plus mouvementée que les précédentes. De vigoureuses reconnaissances sont poussées par les francs-tireurs avec quelque succès.

La flottille des canonnières commandée par le capitaine de vaisseau Thomasset, entre en jeu ; elles aident les troupes du général Blanchard à déboiser l'île de Billancourt.

L'esprit militaire est excellent : soldats, mobiles, gardes-nationaux demandent à grands cris à marcher.

Ils ne comprennent pas qu'on les retienne à l'abri des remparts, quand l'ennemi creuse à nos portes des tranchées, élève des redoutes, des retranchements qu'il garnit de pièces d'artillerie.

L'inaction commence à peser à tout le monde ; on ne s'est déjà pas expliqué pourquoi on a laissé approcher l'ennemi si près de l'enceinte, pourquoi on lui a permis de s'emparer des hauteurs d'où il peut nous foudroyer.

Les ennemis de l'intérieur soufflent la discorde, attisent les colères, provoquent les impatiences.

Pourquoi ne s'assure-t-on pas des points faibles de l'investissement ? Il n'est pas possible que l'ennemi puisse se porter partout à la fois. Pourquoi ne cherche-t-on pas à couper ses communications, à l'écraser là où il n'est pas en force ? Qu'attend donc le général Trochu ? Les partisans du gouverneur de Paris ont l'air de rire dans leur barbe, comme s'il se préparait un de ces coups foudroyants qui changent les destinées des nations.... Hélas ! hélas ! l'avons-nous attendu assez longtemps ce coup suprême qui devait chasser les Prussiens à cheval sur Paris, les conduire tambours battants jusqu'à la frontière où ils devaient trouver la mort et le tombeau ! Miséricorde, quelle déception !

Le 30 septembre, Paris se réveille au bruit d'une furieuse canonnade. L'anxiété est générale, mais la bravoure se peint sur toutes les figures.

On se porte sur les hauteurs ; c'est en vain : un malencontreux brouillard dérobe la vue du champ de bataille ; l'action est vive, à en juger par les foudroyantes détonations de l'artillerie que chaque citoyen sent vibrer dans son cœur.

A la porte d'Orléans commence le défilé des blessés : c'est horrible, mais héroïque ; plus d'un secoué les torpeurs de la mort pour jeter un dernier cri de « Vive la République ! Vive la France ! » Pauvres martyrs de l'ambition des princes !

Le rapport du chef d'état-major, général Schmitz, annonce bientôt aux habitants de Paris que les troupes sous les ordres du général Guilhem (35e et 42e de ligne) avaient refoulé avec une rare vigueur l'ennemi hors de Chevilly ; la tête de colonne du général Blaise (division de Maud'huy) pendant ce temps avait pénétré dans le village de Thiais, s'était emparée d'une batterie de position qui n'avait pu être enlevée, *faute d'attelages ;* que le brave général Guilhem avait été tué à la tête de ses troupes.

Tout le monde a fait son devoir : troupes de ligne, mobiles, artillerie, Société internationale de secours aux blessés, même l'Intendance militaire..... Mais..... M. le général Vinoy a ordonné la retraite en présence des masses concentrées par l'ennemi !

Ainsi, toujours et jusqu'à la fin, des retraites, faute de lancer des forces suffisantes, manque d'attelages pour emmener les canons pris à l'ennemi, et d'artillerie pour attaquer ses redoutes qui nous foudroient.

Et les mêmes inepties ont duré des mois entiers, ont précipité dans la tombe des masses de braves gens qui mouraient pour la patrie sans pousser une plainte, et tout cela pour arriver à une capitulation et à une paix honteuses,....

Ce même sinistre chef d'état-major Schmitz, avec son nom et ses bulletins germaniques, est venu pendant des mois entiers jeter son glas funèbre à l'héroïque population de Paris ; semblable à la mort, il a disparu, sa moisson de larmes, de sang, de malédictions accomplie. Paris n'oubliera jamais les bulletins navrants et la figure flegmatique de ce sombre messager de malheur.

Malgré de nombreuses occupations qui absorbaient toutes mes journées, j'avais conservé mes relations avec les principaux fonctionnaires républicains de la Préfecture.

On se rappelle que ce n'était guère que vers 1 ou 2 heures du matin que nous pouvions un peu respirer et êtres libres. En ce temps là on ne songeait guère à dormir, deux ou trois heures nous suffisaient : le travail remplaçait le sommeil. Que de fois les fenêtres grandes ouvertes, nos cigares allumés, nous écoutions les bruits lointains de la grande ville ; le silence qui l'enveloppait tout entière n'était interrompu que par les sons éloignés du tambour et des fanfares.

Parfois, de sourdes rumeurs parvenaient jusqu'à nos oreilles ; nous nous interrogions du regard ; *vox populi*, disait l'un, et un nouveau nuage de fumée nous enveloppait. C'était encore le pas cadencé d'une patrouille, le qui-vive des sentinelles qui troublaient la majesté de ce silence.

Quelle étrange chose pour nous tous que ces soirées passées dans ces cabinets où s'étaient élaborés et signés, pour plusieurs, ces terribles mandats d'amener qui nous jetaient dans les cellules de Mazas, nous séparaient de nos familles, de nos amis, et nous faisaient subir mille tortures. Que les temps étaient changés ! Les victimes riaient et devisaient gaiement dans les lieux témoins de leur martyre. Les sombres maîtres de l'Empire s'étaient enfuis, et nous, dont ils disposaient jadis de la liberté, de la fortune, nous étions assis dans leurs fauteuils, nous écrivions sur leurs bureaux, nous compulsions à notre aise ces dossiers mystérieux que la bassesse, la tyrannie, la cupidité avaient lentement formés pendant vingt années d'absolutisme. Cela nous semblait un rêve, et lorsqu'un officier de gendarmerie, un agent quelconque de l'ancien régime entrait pour prendre des ordres, une vague inquiétude s'emparait de nous ; il nous semblait que cet agent venait pour nous arrêter. On fut longtemps à se dépouiller de ces habitudes de victime.

Souvent cette nouvelle situation donna lieu à de singuliers rapprochements. Un jour que je lisais tranquillement un journal dans le cabinet du Secrétaire général, en attendant qu'il eût congédié une personne avec laquelle il était en conférence, celle-ci, m'interpellant par mon nom, me demanda si je ne la reconnaissais pas. « Je suis M. Marseille, dit-elle, et j'espère que vous n'avez conservé contre moi aucune rancune. »

Je le reconnus aussitôt, et lui affirmai que je n'avais conservé de lui que le meilleur souvenir pour la manière délicate et pleine de convenances avec laquelle il avait procédé jadis à mon arrestation et à la perquisition de mes papiers.

En effet, poursuivi un an auparavant pour quelques articles dans lesquels je flétrissais les actes odieux et barbares de la police de M. Piétri, qui assommait sur les boulevards les gens les plus inoffensifs, M. Marseille avait été chargé de mon arrestation ; il exécuta sa mission, toujours pénible et quelquefois difficile, avec toute la courtoisie possible et les formes les plus convenables.

En vertu de mes relations, j'eus l'occasion de provoquer l'avancement de certains gardiens de Mazas, ce qui excita l'étonnement de Raoul Rigault qui me demanda tout naïvement ce qu'ils avaient fait pour moi. — Pas autre chose lui répondis-je, que d'exercer leurs fonctions sans passion et sans certaines formes atrabilaires qu'affectent quelques-uns d'entre eux, ce qui les rend odieux aux prisonniers dont ils empoisonnent l'existence et aggravent la peine. Rigault s'empressa d'imiter mon exemple, et, certes, ceux qu'il cherchait à récompenser le méritaient bien, car il fut toujours le prisonnier le plus difficile à contenir, à cause de son esprit remuant et de la fertilité de son imagination.

Malheureux garçon, que la mauvaise compagnie perdit plus tard ! Que n'a-t-il profité des bons conseils que ne cessèrent de lui prodiguer ses chefs, et en particulier le Secrétaire général qui fit alors tous les efforts et les représentations possibles pour le sortir du milieu où il se complaisait, et qui lui formait une véritable cour. Il y a payé de sa tête, et peut-être de son honneur, les tristes satisfactions de son amour-propre !

Dans les premiers jours de novembre, je fus chargé d'une mission à laquelle je ne m'attendais guère, et qui me fut offerte dans les circonstances et de la manière suivantes :

Je dînais en tête à tête avec le Secrétaire général ; la conversation, tantôt gaie tantôt sérieuse, roulait principalement sur les événements du jour. — A propos, me dit celui-ci, vous avez vu les nouveaux costumes des gardiens de la paix ; qu'en pense-t-on et qu'en pensez-vous vous-même ? — Ma foi, lui répondis-je, ils me rappellent ces honnêtes mineurs que j'ai vus en Allemagne, et qui parcourent quelquefois la France en jouant de la clarinette. Il rit de la comparaison. — Mais au point de vue administratif, sérieux ? — Sérieux ! ils auront bien de la peine à le devenir ; le public rit de leur air de pierrots auxquels on aurait coupé la queue. Ils sont eux-mêmes honteux de leur nouvelle figure et se garderaient bien d'intervenir en quoi que ce soit dans la rue, de crainte d'être hués. — Ah ! vous leur en voulez encore de vous avoir un peu assommé jadis sur le boulevard. — Pas le moins du monde ; mais il faut que ceux qui réprésentent la loi et qui sont chargés de la faire respecter, inspirent eux-mêmes non-seulement la confiance, mais le respect. Vos anciens sergents de ville, que chacun reconnaît, malgré leur ébarbement et leurs allures bonhommes, avec leur air contrit et leurs capuchons, font l'effet de capucins *chaussés* ; si vous leur aviez donné un rosaire, peut-être eussent-ils inspiré un peu de piété à la population de Paris : c'eût été un moyen de la ramener aux sentiments religieux qui, dit-on, s'en vont.

Après avoir ri de cette plaisanterie, Antonin Dubost, reprenant son sérieux, me dit tout-à-coup : M. de Kératry et moi, nous vous relevons de vos fonctions de commissaire, et pour vous récompenser de votre dévouement et de l'exactitude avec laquelle vous les avez remplies pendant les vingt jours dont vous en avez été chargé, nous avons décidé de vous appeler à la direction des Halles et Marchés de Paris, dont le titulaire est révoqué. Comme je témoignais quelque hésitation, motivée sur l'importance de cette fonction que je craignais être au-dessus de mes forces : C'est une affaire décidée, ajouta le Secrétaire général ; demain vous recevrez votre nomination. Je m'inclinai et remerciai vivement Antonin Dubost, que je priai d'être mon interprète auprès de M. le Préfet, et nous terminâmes gaiement notre dîner.

Le lendemain, je reçus en effet ma nomination, dûment paraphée, et j'entrai immédiatement en fonctions.

L'organisation des Halles et Marchés de Paris est, en général, peu connue ; après le rôle important qu'ils ont joué pendant les deux sièges de Paris, il sera peut-être intéressant d'avoir un aperçu de leurs différents services : le tableau suivant en donnera une idée approximative.

DÉSIGNATION DES SERVICES.

Ventes en gros.

Beurre
Fruits
Marée
Volaille
Viande
Huîtres

Port aux fruits
Plantes médicinales
Comestibles
Marché aux bestiaux
Poids public

Abattoirs.

Batignolles
Grenelle
La Villette
Villejuif

Château-Landon
Fourneaux
Nanterre

Marchés.

Blancs-Manteaux
Beauveau
Carmes
Patriarches
Gros-Caillou
Grenelle
Château d'Eau
Chevaux
Fourrages
Capucins
Chiens
Fleurs
Neuf
Saint-Didier
Europe
Passy

Saint-Germain
Saint-Sulpice (fleurs)
Montmartre
Saint-Joseph
Auteuil
Batignolles
Belleville
La Villette
Place d'Italie
Saint-Honoré
d'Aguesseau
Saint-Quentin
Saint-Maur Saint-Germain
Saint-Maur Popincourt
Temple et Enfants Rouges
Pavillons des Halles centrales

Chacun de ces services comprend des Inspecteurs, Surveillants, Gardiens, etc.

Plusieurs sont fort importants, tant au point de vue de l'organisation qu'à celui du nombreux personnel qu'ils comportent. Ainsi, à la Vente en gros du Poisson, sont attachés:

2 Inspecteurs de première et deuxième classes, faisant fonctions de chef et sous-chef de service ; — 9 Contrôleurs de première et deuxième classes; — 34 Crieurs-compteurs de première et deuxième classes ; — 16 Verseurs de première et deuxième classes ; — 8 équipes de Forts de vingt hommes chacune, dirigées par un *Syndic* et un *adjoint*, ce qui forme un total d'environ 221 employés pour la vente en gros du poisson seulement.

La Vente en gros des Beurres, Œufs et Fromages comprend:

1 Chef de service ; — 1 Sous-Chef ; — 2 Contrôleurs de première classe et 3 de deuxième classe ; — 2 Chefs-compteurs; — 4 Chefs-compteurs adjoints ; — 70 Compteurs-mireurs ; — 65 Forts sous la direction de 5 Syndics et de 5 Syndics-adjoints, formant un total d'environ 148 employés.

La Vente à la criée des Viandes.

Ce personnel se compose de: 2 Inspecteurs de première et deuxième classes ; — 12 Contrôleurs de première et deuxième classes; — 44 Forts sous la direction d'un Syndic et de 4 Syndics-adjoints; — 3 Gardeurs à la cave, (ces employés sont chargés de garder les marchandises dont le commerce ne prend pas immédiatement livraison) ; — 3 Découpeurs chargés de faire l'épluchage des marchandises insalubres, et de découper les morceaux selon les besoins du commerce.

Vente en gros de la Volaille et du Gibier.

2 Inspecteurs de première et deuxième classes ; — 9 Contrôleurs de première et deuxième classes ; — 14 Forts-déchargeurs sous les ordres d'un Syndic ; — 80 Forts-livreurs conduits par 1 Syndic.

Vente en gros des Fruits et Légumes.

2 Inspecteurs de première et deuxième classes ; — 2 Contrôleurs de première et deuxième classes ; — 1 Gardien de la resserre ; — 86 Forts déchargeurs dont 1 Syndic chef, 6 Syndics et 3 Syndics-adjoints ; — 45 Forts-livreurs dont 1 Syndic-chef, 2 Syndics, 5 Syndics-adjoints, formant un personnel d'environ 136 employés.

Poids public.

2 Inspecteurs de première et deuxième classes ; — 8 Contrôleurs de première et deuxième classes ; — 18 Peseurs de première et deuxième classes, au total 28 employés.

Les autres services, quoique fort importants, ne comportent pas un personnel aussi nombreux. Ces chiffres ne sont peut-être pas absolument rigoureux, n'ayant pas sous la main les documents nécessaires ; mais les erreurs, s'il s'en est glissé, sont insignifiantes.

C'est à dessein que, dans la nomenclature des différents services relevant de l'inspection générale des Halles et Marchés, je n'ai pas parlé de l'importante institution des *Facteurs*. Elle méritait quelques lignes à part.

On a beaucoup écrit sur ces quasi fonctionnaires, et ils ont été l'objet de luttes ardentes, surtout sous le ministère de M. Haussmann.

MM. Baube, chef de la 2ᵉ division, et Mathieu, chef du 1ᵉʳ bureau, ont, dans divers écrits, traité cette question à fond avec une haute compétence. Ils soutinrent avec la plus grande énergie, pendant de longues années, une lutte dangereuse avec ce personnage, alors tout puissant, et en sortirent à leur honneur. Ceux que cette question intéresserait plus particulièrement, peuvent consulter avec fruit leurs publications à ce sujet.

Je me contenterai de tracer à grands traits ce que j'ai pu connaître relativement au *factorat*, et ne parlerai qu'incidemment de la lutte entre l'administration de la Ville et celle de la Préfecture de police.

Cette lutte, tout aussi ardente aujourd'hui que sous le fameux édile, ne paraît pas devoir se terminer de sitôt, au grand dommage des contribuables auxquels elle coûte, bon an, mal an, environ 400,000 francs.

La création des facteurs et des commis-vendeurs est très-ancienne ; elle remonte à une époque où il n'était guère question de droits municipaux ; mais alors, comme aujourd'hui, il importait au plus haut point que les expéditeurs des denrées destinées à la consommation de Paris, pussent se reposer sur l'administration du soin de recevoir leurs marchandises, de les enregistrer, de les faire vendre sous sa surveillance, d'en inscrire le prix sur des livres publics, et d'en assurer le paiement.

On attribue à St Louis, — mais le fait n'est pas certain, — trois réglements relatifs à la vente du poisson de mer et d'eau douce amené aux halles de Paris. On voit dans leurs articles qu'il fallait acheter du roi le droit de vendre ces poissons, et qu'il existait des prud'hommes, ou jurés des halles, qui y maintenaient la police et percevaient les amendes nombreuses que pouvaient encourir les marchands en gros et en détail. Ces prud'hommes étaient à la nomination du *cuisinier* du roi. Ceux qui apportaient du poisson payaient le droit de *tonlieu*, c'est-à-dire le droit que le roi percevait sur toutes les marchandises du marché ; ils payaient, en outre, le droit de vendre, le droit de congé et le droit de halage, et puis le droit qui revenait aux prud'hommes.

Le cuisinier du roi obligeait les prud'hommes qu'il avait nommés, à jurer sur les Saints Evangiles de choisir le poisson dont le roi, la reine et ses enfants avaient besoin, et d'en fixer le prix en conscience ; pour ce service ils étaient exempts du guet. Faudrait-il voir déjà à cette époque et dans l'institution de ces prud'hommes, le germe du factorat ? Ce serait-là une prétention chronologique bien osée. Peu importe, du reste. Mon intention est de faire connaître, de la manière la plus brève, une institution fort importante, au point de vue de l'approvisionnement de Paris, et sa manière de procéder.

Les marchandises destinées aux marchés de gros, arrivent aux gares par chemins de fer, et sont accompagnées par les commis de l'octroi jusque sur le marché. Là, l'administration des Halles, par ses commis, s'assure du nombre des colis, procède au déballage, compte le nombre de pièces et les inscrit au nom de chaque expéditeur. Le facteur les vend ensuite par la voie des enchères pour les quatre cinquièmes ; de gré à gré pour le surplus. Les prix de vente et les noms des acheteurs se trouvent inscrits sur la feuille de vente de chaque expéditeur par les soins des commis-vendeurs ; les receveurs des facteurs reçoivent le montant de la vente.

Lors de la réception des marchandises, les facteurs acquittent pour le compte de leurs commettants, les droits de transport aux voituriers ou au chemin de fer ; ils se chargent de réunir les colis de chaque expéditeur pour les retourner, d'y attacher les adresses, d'envoyer sans déduction du droit de marché, et cela dans les 24 heures, le montant des ventes aux expéditeurs, ou de le verser aux personnes indiquées.

Les facteurs préviennent les expéditeurs de l'importance des arrivages, transmettent les cours, pressent ou modèrent, selon les besoins, l'envoi des denrées, font des avances soit sur des marchandises arrivées et non encore vendues, soit sur d'autres dont l'envoi est attendu. Leur intérêt excite leur zèle. Ce sont de véritables commerçants, sauf la limitation de leur remise.

Comme on le voit, les intérêts des expéditeurs sont continuellement surveillés. Aussi, la sécurité des approvisionneurs est telle, qu'ils se livrent sans autre préoccupation à leur industrie, certains qu'ils sont que, sans connaître personnellement les facteurs, ceux-ci, astreints à un cautionnement, placés sous l'autorité du Préfet de police qui peut à chaque instant répondre aux renseignements qu'on lui demande et aux réclamations qui lui sont adressées, leur rendront toujours un compte fidèle de leurs opérations.

Cette sécurité, due à l'institution si ancienne du factorat et des commis-vendeurs, ainsi qu'aux garanties que présente l'intervention de la Préfecture de police, est l'encouragement le plus fécond qui puisse être donné à la production.

Si les chemins de fer, par les avantages matériels qu'assure la rapidité du transport, ont aidé au développement de l'approvisionnement de Paris, il est incontestable que ce développement est dû surtout aux mesures tutélaires qui ne se rencontre guère que sur les marchés de la capitale, et à la sollicitude incessante de leur administration.

On verra dans le courant de ce récit, la lutte acharnée qu'eut à soutenir la Préfecture de police contre la Préfecture de la Seine, lutte dont le factorat fit le fond, et dans laquelle il faillit sombrer. Alors on comprendra sans peine les angoisses des facteurs, quand on saura que leurs bénéfices varient entre cinquante et cent cinquante mille francs par an.

CHAPITRE VI.

Les Halles, récits historiques et humoristiques. — Visites officielles. — M. de Kératry, préfet de police. — Approvisionnement des particuliers et du commerce. — Conflits entre la Préfecture de la Seine et la Préfecture de police. — L'approvisionnement de l'Etat. — M. Magnin, ministre de l'Agriculture et du commerce. — Son ministère. — Visites à l'Hôtel-de-Ville.

Un coup d'œil sur l'origine des Halles, sur leur développement et leur constitution présente, pourra peut-être intéresser quelques personnes, car elles sont comme le cœur de Paris où affluent et refluent de toutes leurs artères le mouvement et la vie. Leur importance prit un accroissement considérable lors de l'investissement de la capitale par les Prussiens ; elles jouèrent alors un rôle très-actif au point de vue de la défense nationale.

Il faut remonter bien haut dans notre histoire pour retrouver les vestiges de ce Marché qui est aujourd'hui une des gloires de Paris, tant par ses admirables constructions que par son organisation sans pareille. Ce n'est guère que vers 1110 que Louis-le-Gros créa ce qu'on nomme vulgairement les Halles ; elles furent améliorées sous Philippe-Auguste, en 1183, lequel y ajouta des boucheries « *où pourront*, dit l'ordonnance, *s'étaler des bœufs entiers pour les boucheries des bourgeois et des manants.* »

Un terrain, dit des *Champeaux*, (petits champs), était l'emplacement fixé pour ces halles ; c'était le même qu'elles occupent aujourd'hui : un terrain vague, clos par des murs d'enceinte, autour duquel vint peu à peu se grouper la population.

Au milieu du carreau des Halles, raconte Dulaure, à l'époque où Paris comptait un grand nombre de monuments patibulaires, était le pilori le plus célèbre, le pilori du roi. Il datait du XII⁰ siècle. Reconstruit en 1542, il ne fut supprimé que sous le règne de Louis XVI : c'était une tour circulaire en bois, mobile et tournant sur un pivot. Cette machine était percée d'ouvertures circulaires assez larges pour que le condamné y passât la tête et les mains. Par intervalles, on tournait le pivot, afin que le peuple pût *jouir* de tous côtés de la vue du patient.

Ces halles ont aussi longtemps servi de lieu d'exécution. Le bourreau de Paris était obligé, par ses lettres d'institution, de loger sur la place du pilori. Il y jouissait de nombreux privilèges, entre autres du droit de *havage*, c'est-à-dire de prélever sur toutes les céréales exposées en vente, autant de grains qu'on en pouvait prendre avec la main. Il percevait en outre un droit sur les légumes verts, les fruits, la marée, etc., et dès qu'un débiteur se libérait, on lui faisait sur le dos une marque avec de la craie. Cet ignominieux usage ne fut supprimé qu'en 1775, par arrêt du Conseil.

En 1516, un bourreau de Paris s'étant repris à plusieurs fois pour trancher la tête d'un criminel, la vue des souffrances du patient excita l'indignation du peuple qui mit le feu au pilori et brûla le bourreau vif.

L'aspect de ces lieux ainsi que les mœurs ont bien changé ; notre société moderne ne *moralise* plus le peuple par ces spectacles odieux qui avaient pour conséquence de convertir en exécuteurs des hautes-œuvres les malheureux auxquels on prétendait donner un enseignement.

Pendant plusieurs siècles, ces halles ne furent que de vastes et horribles charniers ; on y marchait sur des couches accumulées d'immondices et de détritus de toute sorte. Ce ne fut que sous l'Empire, en 1810, que fut posée la question de l'amélioration des Halles. Deux décrets, du 24 février et du 19 mai 1811, tranchèrent en partie la question. Le dernier de ces décrets, tout en respectant l'emplacement séculaire, détermina le périmètre des nouvelles Halles.

Conformément à ce décret, cinquante maisons occupant un emplacement de 8,773 mètres, furent acquises par la ville de Paris, au prix d'environ trois millions. En 1848, le marché des Prouvaires fut le commencement d'exécution de ce plan qui, interrompu à diverses reprises, resta vingt-cinq ans à l'état de projet.

En 1843, ajoute Dulaure, auquel j'emprunte une partie de ces détails, une commission administrative fut chargée de préparer les éléments de nouveaux projets. Un projet de MM. Baltard et Callet, comprenant la construction de huit corps de halles, de grandeur variable suivant les services, fut adopté. L'emplacement, déterminé par une ordonnance royale de 1847, formait un parallélogramme de 275 mètres de longueur sur 120 de largeur. Il comprenait huit corps de halles: deux grands aux deux extrémités du parallélogramme, et six petits au centre, partagé par de belles chaussées. La superficie des terrains jugés nécessaires pour le besoin général du service de ces halles, fut évaluée à 43,660 mètres. Le stationnement des voitures devait occuper, tant sur les places voisines des halles que sur les ponts et les quais, un emplacement de 22,000 mètres.

On évaluait à près de 78 mètres cubes les détritus et immondices à enlever pendant la saison d'hiver, et un quart en sus pendant la saison d'été. Vingt-deux voitures devaient être employées chaque jour à cette opération du nettoyage d'un emplacement ou d'aboutissants sur lesquels ont à circuler, en vingt-quatre heures, plus de 40,000 charrettes, voitures ou omnibus. L'exécution des travaux nécessaires pour la formation du périmètre des abords de ces halles exigeait la suppression d'un marché, de sept rues et de grandes opérations de voirie : ouvertures, élargissements ou suppression de rues.

Jamais, à aucune époque de son histoire, la ville de Paris n'avait assisté à l'exécution d'un plan si grandiose et concernant un si grand nombre d'intéressés : six cents maisons, dépôts ou magasins se trouvaient atteints totalement ou en partie par l'exécution de ce plan, et en admettant, chiffre modeste, vingt individus par maison, on trouvait un total de 12,000 habitants de Paris, propriétaires, commerçants ou locataires, dont l'exécution du projet entraînait le déplacement.

Depuis le percement du boulevard Sébastopol, qui a ouvert de vastes et nouveaux affluents à l'Est des Halles centrales, le déplacement a été porté à un chiffre encore beaucoup plus élevé.

Six cent soixante huit ans après la construction des vieilles Halles, qu'elles étaient appelées à remplacer, le 15 septembre 1851 eut lieu la pose de la première pierre des Halles centrales, par le président de la République.

Cette cérémonie eut une grande solennité ; elle se fit avec le concours du clergé, et au bruit des cloches et de la musique. Une foule immense y assistait.

Six ans après, avant la fin de 1857, on put admirer dans son ensemble ce magnifique monument dont les dépenses s'étaient élevées à près de 40 millions, et qui est un des plus glorieux de la capitale par son utilité et l'élégance de ses constructions.

Grâce à Dieu, le niveau moral a suivi le niveau matériel. Dans ces halles élégantes, la tenue la plus parfaite y est observée et rigoureusement exigée ; le commerce s'y fait au grand jour, loyalement, et il est soumis à des règles et à une surveillance qu'il serait dangereux d'enfreindre. Les dames de toutes les classes de la société peuvent y circuler seules ou accompagnées, y faire leurs emplettes sans avoir à craindre le moindre propos blessant, et en parfaite sécurité relativement à la loyauté des transactions et à la qualité des marchandises.

Nous sommes loin du temps où un écrivain du 17e siècle écrivait, sous Louis XIII, ces curieuses lignes sur les Halles :

Vous verrez aux Halles plusieurs gueux qui ne s'amusent qu'à piller et dérober les uns et les autres, tant les acheteurs que les vendeurs, à leur couper leur bourse, à fouiller dans leurs hottes et paniers. Les autres, pour mieux avoir leur proie, chanteront des chansons déshonnêtes, sales, tantôt de l'un, tantôt de l'autre, sans épargner ni dimanches ni fêtes…. Choses déplorables en une ville de Paris…. Dans les halles et autres marchés ordinaires, on voit des femmes qui vendent des vivres ; si vous en offrez moins qu'elles n'en désirent, fussiez-vous la personne la plus renommée de la France, là, vous serez blasonné de toutes injures, imprécations, malédictions, taxes d'honneur, et le tout avec blasphèmes et jurements….

Où le même auteur s'en prenant aux marchands de Paris, disait d'eux :

Ils se donnent pour un liard, gagnent sur leurs marchandises le double de ce qu'elles leur ont coûté, en vendent de mauvaises en blasphémant et jurant Dieu et diable qu'elles sont excellentes. Il en est qui, pour attirer les chalands, permettent, comme cela se pratique au Palais (?) aux passants d'entrer dans leurs boutiques, et pour peu de chose et quelquefois pour rien, leur laissent la liberté de parler à leurs femmes, de leur dire des choses lascives, sales, déshonnêtes, avec attouchements et regards, et tout ce qui peut provenir de telles actions.... Le tout pour vendre une douzaine d'aiguillettes de soie, un collet à la mode, une bourse d'enfant, un drachme ou deux de parfum pour sa perruque ou pour parfumer les cornes (parties de la coiffure d'alors) de sa femme, ou bien pour une petite épée de bois à mettre au côté d'un enfant; ainsi pour peu de chose.

Cet aperçu des mœurs anciennes et modernes de celles que l'on continue à désigner sous le nom de « dames de la Halle, » fera comprendre les événements qui se sont produits aux halles pendant et après le siége des Prussiens. Très en faveur jadis sous les monarchies, qui leur avaient accordé maints priviléges elles leur offraient à chaque occasion des félicitations et des bouquets.

Sous la République, elles n'adressent de fleurs à personne, mais elles lui donnent des canons pour la défendre et de l'argent pour soigner ses blessés. Au lieu des salons royaux ou impériaux, elles fréquentent les ambulances qu'elles ont fondées ; au lieu d'eau bénite de cour, elles reçoivent les larmes d'attendrissement et de reconnaissance de ceux qu'elles ont secourus. Comme on le voit, les sentiments de ces dames se sont mis au niveau du *Palais* dont la République jeta les fondements.

Les devoirs de ma charge m'obligeaient à certaines visites officielles ; je commençai par M. de Kératry, alors préfet de police : à tout seigneur tout honneur. Ce fut le Secrétaire-général qui me présenta.

J'avais connu M. de Kératry au Corps-Législatif ; demeurant à peu près dans le même quartier, plus d'une fois, à la sortie de l'Assemblée, nous avions fait route ensemble, devisant comme bien on le pense sur les événements du jour et sur la situation qui était faite aux députés de l'opposition dans les derniers temps de l'Empire. Un jour, après une séance très-pénible, où vraiment il y avait de quoi désespérer du salut de la France, le député du Cher, M. Giraud, républicain sincère, s'étant écrié dans un transport de colère : « Demain, je mettrai les pieds dans le plat, et nous verrons bien qui aura raison d'eux ou de nous ! » les passants interdits s'arrêtèrent, et nous dûmes presser le pas pour échapper à leur curiosité. M. de Kératry, non moins pénétré que son collègue, mais plus maître de ses impressions, se contenta de dire : « Si un tel état de choses devait continuer je songerais sérieusement à m'expatrier : je partirais pour l'Amérique. » Ce petit incident démontre que le sentiment national était le même chez ces deux hommes, si différents d'opinions et d'éducation, mais que la situation périlleuse dans laquelle se trouvait placé le pays réunissait dans une opposition bien affirmée.

A cette première entrevue, M. de Kératry me reçut avec sa courtoisie habituelle, parla de choses et d'autres, et trouva néanmoins l'occasion de nous faire, à son secrétaire général et à moi, une fine allusion sur une certaine nuit blanche que nous lui avions fait passer. Voici à quelle occasion : Un soir, on pourrait même dire un matin, car il était trois heures, après une de nos veillées, nous nous retirions, quelques amis et moi. Dubost, selon son usage, nous accompagnait pour nous faire passer les nombreuses sentinelles qui veillaient à cette époque à la sûreté de la Préfecture et de ses habitants.

Nous passâmes sans encombre les postes de la garde-républicaine qui connaissait le Secrétaire général; mais arrivés à la porte extérieure donnant sur le quai, nous trouvâmes là un poste de gardes-nationaux qui nous demandèrent « le mot d'ordre. » Nous ne l'avions ni les uns ni les autres. Inexorables sur la consigne, ces braves citoyens-soldats ne voulurent pas nous laisser sortir. En vain Dubost excipa de sa qualité de Secrétaire général, en vain un officier de gendarmerie, qui se trouva là par hasard et qui le connaissait, voulut se porter garant de la compagnie : rien n'y fit. Nous eussions été le petit caporal ou son neveu, nous ne serions pas passés! La garde nationale faisait déjà alors un service sérieux. Nous fûmes donc obligés, sous peine de coucher à la Préfecture, de faire réveiller M. de Kératry, et de lui demander le mot d'ordre.

Je n'oublierai jamais l'air triomphant des trois gardes-nationaux qui gardaient la porte, baïonnettes au bout du fusil : ils méritaient la croix!

Cette petite scène nocturne, comme on peut bien le penser, n'avait pas passé inaperçue dans un tel lieu ; M. de Kératry, alors accablé de besogne, n'avait pu reprendre le sommeil auquel il ne consacrait que quelques heures ; nous lui avions fait malencontreusement passer une nuit blanche : c'est à quoi il faisait allusion.

Ses grandes occupations, les miennes propres, ne me permirent de le revoir qu'une seule fois. Ce jour là il me rappela, toujours dans les formes les plus bienveillantes, que j'avais été jadis son adversaire et que j'avais publié un article contre lui dans le *Courrier français*. Je fus un peu interloqué, et j'eus beaucoup de peine à me rappeler cette circonstance ; mais après quelques explications, je compris qu'il s'agissait d'un de ces nombreux articles que parcourt d'un coup d'œil et que signe un secrétaire de la rédaction sous le feu d'une mise en pages. M. de Kératry me tendit gracieusement la main en me disant : « Je ne vous en veux nullement, et je ne vous ai parlé de ce fait que pour vous rappeler que vous n'étiez pas pour moi un inconnu. »

On se rappelle qu'aux premiers symptômes sérieux d'un siége, chacun se hâta, dans la mesure de ses moyens, de faire ses approvisionnements particuliers. C'est avec une satisfaction marquée qu'on avait vu défiler les innombrables troupeaux de M. Clément Duvernois, ministre de l'Agriculture et du Commerce. Néanmoins, la ménagère parisienne, plus sérieuse et plus prévoyante qu'on ne lui a jamais fait l'honneur de le supposer, pensa que deux précautions valent mieux qu'une; et les événements prouvèrent qu'elle avait bien pronostiqué, et encore mieux agi.

Cependant les particuliers les plus prévoyants n'avaient guère fait de provisions pour plus de deux mois. Il était au-dessus des prévisions humaines de supposer que la riche et brillante capitale pût supporter plus longtemps une pareille perturbation dans ses habitudes de sybarite.

Mais le commerce, toujours à l'affût du lucre, fût-il le plus malsain et le plus anti-national, avait flairé de son nez de chacal la catastrophe, et avait entassé le plus secrètement possible dans ses caves, des masses considérables de provisions, s'apprêtant à faire ses opérations de Shylocks, et à édifier d'ignobles fortunes sur les désastres publics. On verra plus tard quelle influence eurent ces dispositions sur les destinées de Paris et de la France.

Ici je suis obligé, pour l'intelligence de mon récit, de signaler une situation à laquelle j'ai déjà fait allusion précédemment : je veux parler des deux administrations de la Préfecture de police et de la préfecture de la Seine, cette dernière greffée par M. Haussmann sur son aînée, et qui, par la similitude de la plupart de ses attributions, produit un antagonisme qu'il serait de bonne administration de faire cesser le plus tôt possible, dans l'intérêt général.

Maintes occasions se sont présentées pour opérer cette scission, on aurait même pu faire une fusion amiable, mais de hauts intérêts sont en jeu, des positions considérables pourraient être atteintes et elles sont défendues *unguibus et rostro* par des gens habiles, tenaces, et qui jouissent d'une grande influence.

Les gouvernements ont beau se succéder, différer profondément les uns des autres, qu'importe ? Ces mêmes hommes sortiraient toujours des entrailles de la terre ou du fond des mers. « Ils émergent et émargent ! » M. Magnin, le nouveau ministre de l'Agriculture et du Commerce, ne connaissait alors pas plus que moi cette grave situation.

Aussitôt mon entrée en fonctions, il me confia la garde de l'immense approvisionnement entassé dans les caves des Halles. Je me hâtai de donner les ordres les plus sévères de ne rien laisser sortir sans un ordre signé de ma main ou de celle du Ministre. Sentant l'importance d'un pareil dépôt et la grave responsabilité qui allait m'incomber, je pris les mesures les plus minutieuses et les plus strictes pour sa conservation.

M. Magnin lui-même, dans plusieurs visites qu'il fit à cette époque aux Halles centrales et à son dépôt, approuva ces ordres et ces mesures, et défendit formellement qu'on laissât sortir la moindre chose sans un ordre émanant directement de son ministère.

Quel ne fut pas mon étonnement de voir, dès les premiers jours, des ordres de livraison émaner de la Préfecture de la Seine, il est vrai au nom et pour le compte de M. le ministre de l'Agriculture et du Commerce. Je courus immédiatement au Ministère, et exposai à M. Magnin ce qui se passait, qu'il n'était pas possible qu'il y eût à la fois *deux* garde-magasins, que je ne voulais pas encourir la responsabilité « d'erreurs » qui pourraient se produire, que je n'avais accepté cette mission que par pur dévouement au bien public et pour lui être personnellement agréable, mais que je le priais instamment de me retirer ce mandat, etc.

M. le Ministre du Commerce ne me donna ce jour là aucune solution ; je renouvelai mes démarches les jours suivants sans plus de succès : sans doute M. Magnin étudiait la situation.

J'éprouvais de véritables angoisses, que n'ont que trop justifiées les événements subséquents dont la gravité a nécessité la formation d'une commission d'enquête. Enfin, à bout de ma bonne volonté, et justement effrayé de cette dangereuse position, j'écrivis à M. le ministre de l'Agriculture et du Commerce une lettre officielle dans laquelle je déclinais, dans le présent comme dans l'avenir, toute responsabilité dans cette affaire, le prévenant en outre qu'à dater de ce jour, je me renfermais absolument dans mes attributions spéciales.

Le surlendemain, je reçus la réponse suivante qui m'apporta un très-grand soulagement moral :

Paris, le 17 octobre 1870.

Monsieur l'Inspecteur général,

Vous appelez mon attention sur les conflits auxquels donnent lieu, entre les agents de la Ville et ceux de la Préfecture de police, les ordres émanés de mon ministère pour la livraison des denrées emmagasinées dans les différents dépôts mis à la disposition de mon département par l'administration municipale, et vous me demandez de trancher, d'une manière définitive, une question d'attribution qui ne saurait, sans de graves inconvénients, demeurer plus longtemps indécise.

Des observations du même genre m'ayant, du reste, été adressées par M. le Maire de Paris, j'ai voulu me rendre un compte exact de la situation des choses, et j'ai dû reconnaître que, dès la formation des approvisionnements réunis en vue du siége, les agents de la ville de Paris avaient pris en charge, pour le compte de mon ministère, toutes les denrées amenées dans les dépôts, qu'ils avaient présidé à leur emmagasinement, et qu'ils avaient été ainsi constitués les véritables garde-magasins. Dans cette situation, c'est à ceux qui ont enregistré les marchandises à l'entrée, qu'il appartient également d'en constater la sortie qui ne peut s'effectuer que sur un bon de livraison portant ma signature ou celle des personnes que j'ai déléguées à cet effet. Tous ces bons, remis aux préposés de la Ville par les destinataires, sont centralisés à la direction des affaires municipales, et le contrôle s'établit par la comparaison des quantités entrées avec les sorties constatées par des bons de livraison détachés d'un livre à souche. Dans cette situation, la surveillance des opérations me paraît suffisamment assurée, sans qu'il soit nécessaire de recourir à d'autres moyens de contrôle et de mettre à l'épreuve des dévouements qui ne se marchandent pas.

Je viens donc vous relever de la mission dont vous avez bien voulu vous charger, mais en me réservant de faire appel à votre concours toutes les fois que l'occasion se présentera.

Il est bien entendu que je continuerai, comme par le passé, à réclamer l'intervention des agents de votre service pour les constatations de qualité qui seraient jugées nécessaires par les délégués de mon département, et que, sauf ce qui concerne la livraison des denrées emmagasinées dans les dépôts, toutes choses demeureront sur l'ancien pied et que rien n'est changé dans les excellentes relations qui ont toujours existé entre le service de l'inspection générale des Halles et Marchés, et ceux du ministère de l'Agriculture et du Commerce.

Recevez, etc.,
Le Ministre de l'Agriculture et du Commerce,
J. MAGNIN.

Cette lettre, dont les explications paraîtront naïves aux *habiles*, prouve tout simplement la franchise, la loyauté, la parfaite honorabilité de M. Magnin ; dans tous les cas, elle me donnait une entière satisfaction, en me déchargeant d'une responsabilité que je n'avais ni le courage ni l'envie de partager avec lui ; aujourd'hui plus que jamais, je m'applaudis de ma résolution : on n'avait à attendre que des désagréments, si ce n'est plus, dans des relations avec les partisans du régime déchu, qui circonvenaient toutes les situations et occupaient tous les emplois. Je ne cherchai pas même à comprendre ce qu'il y avait d'utile à ce que les mêmes agents qui, sous les ministères de l'Empire, avaient été chargés de l'approvisionnement de Paris et de l'emmagasinage de ce stock, fussent encore chargés sous le nouveau régime de la distribution et de la répartition de ces mêmes denrées ; il m'eût semblé préférable d'établir à la sortie un autre contrôle qu'à l'entrée. Mais M. le Ministre, avec sa confiance ordinaire, méritée sans doute, en jugeait autrement : il n'y avait qu'à s'incliner.

Une des principales raisons qui m'avaient fait décliner ma coopération, même indirecte, dans cette affaire, c'est que n'ayant pas été initié aux marchés passés par M. Clément Duvernois, qui devaient se ressentir de la précipitation avec laquelle ils avaient été conclus, et pouvaient, dans la suite, soulever bien des difficultés, je ne voulais pas me trouver en contact avec des gens beaucoup plus habiles que moi, « des malins » comme on dit vulgairement : je n'avais pas le moindre désir de me laisser fourrer dans un sac à farine ou à pommes de terre.

Quelques mots sur ce ministère de l'Agriculture et du Commerce auront d'autant plus d'à-propos, qu'il a joué le principal rôle dans les douloureuses épreuves que Paris a eu à subir. M. Magnin, son chef, est aujourd'hui en butte à mille attaques toutes plus injurieuses et plus injustes les unes que les autres. Nous avons en France un vilain défaut : « l'ingratitude. » Il procède de ce caractère léger qu'avait déjà si bien défini Jules César dans son livre IV de la guerre des Gaules : « Dès qu'il eut appris ces
« événements, César qui connaissait la légè-
« reté des Gaulois, les savait prompts à chan-
« ger d'avis et presque toujours avides de
« nouveautés, pensa qu'il ne fallait en rien se

« reposer sur eux, etc. » Ainsi, on méconnait facilement les services rendus, parce qu'on oublie parfaitement *l'époque* où ils ont été rendus ; on ne tient nullement compte des énormes difficultés qui ont empêché qu'ils ne fussent complets. M. Magnin est aujourd'hui, comme tant d'autres, victime de cette critique ingrate qu'on ménage si peu à nos hommes d'Etat.

Il faut l'avoir vu à l'œuvre avec tout son personnel, pour se faire une idée des immenses difficultés qu'il eut à surmonter, de la surveillance qu'il dut exercer sur de nombreux agents, intéressés à lui dissimuler la vérité, à le tromper.

Qu'on n'oublie pas que la précipitation, exigée par les circonstances, avec laquelle se fit l'approvisionnement de l'Etat, amena une confusion inextricable.

Une foule d'individus avaient passé des marchés en leur nom propre ; il fallut après la révolution retrouver tout ce monde, rechercher les parties de ces marchandises dispersées sur toute la surface de Paris, établir des états sur ce qui en restait et qui n'avait pas péri par l'avarie ou la mort etc. Je ne parle pas de mille autres occupations qui demandaient de grandes aptitudes, un travail acharné et une fermeté inébranlable.

Dépositaire du stock de l'Etat, si M. Magnin avait faibli dès le commencement, et cédé aux innombrables sollicitations des administrations, des ambulances et des particuliers, Paris aurait dévoré en six ou sept semaines un approvisionnement qui pouvait facilement durer six ou sept mois.

Sans doute M. Magnin n'est pas parfait, n'a pas la science administrative infuse jusqu'à l'infaillibilité; sans doute il a commis bien des erreurs, bien des fautes ; mais il a fait, les circonstances étant données, tout ce qu'il lui était possible de faire avec un zèle, un dévouement et un patriotisme dont on devrait lui savoir plus de gré.

Il fut secondé dans cette œuvre difficile par son secrétaire-général, M. Ozenne, issu de l'Empire, qui l'aida de ses lumières incontestables, et par M. Lanne, son chef de cabinet, de la nomination du 4 septembre, qui déploya dans ses fonctions une grande activité, une grande énergie et une intelligence certainement supérieure, mais limitée, entravée par le manque d'habitude des affaires qu'il avait à traiter. M. Masson, qui lui prêtait son concours actif, ne tarda pas à lui succéder, mais ce fut pour peu de temps : les événements l'emportèrent comme les autres. M. Lanne est mort dernièrement des suites d'un accident de chasse, peu de temps après avoir quitté la haute position qu'il occupait.

Les visites que j'annonçais au commencement de ce chapitre, m'ont entraîné à des digressions sans fin ; nous aurons l'occasion de revenir à ces personnages qui ont joué un rôle si important, quoique bien court, dans les destinées du pays. Je reprends donc le cours de mes pérégrinations.

Mon devoir m'appelait à faire une visite au maire de Paris, M. Etienne Arago. Je ne connaissais pas personnellement cet homme éminent qui eut une part si active dans les événements de notre histoire politique contemporaine. Le secrétaire général de la Préfecture voulut bien me donner pour lui une lettre d'introduction pleine de bienveillance, mais qui, malheureusement, ne parvint pas à sa destination à cause des circonstances que je vais expliquer. Bien des fois je me présentai à l'Hôtel-de-Ville, sans avoir jamais la bonne chance d'y rencontrer M. le Maire : ou M. Etienne Arago était malade, ou il était en Conseil ; bref, je ne pus le voir, et ne voulant confier ma lettre à personne, j'allais renoncer à cette visite, quand l'idée me vint de voir son adjoint, M. Brisson, que je savais être un sincère républicain, et que j'avais vu quelquefois précédemment. Là eut lieu une scène excessivement désagréable et ridicule, que je ne puis passer sous silence, parce qu'elle servira d'enseignement à nos républicains arrivés au pouvoir.

Introduit immédiatement après avoir été annoncé, M. Brisson me fit un bon accueil, quoique en harmonie avec son caractère froid, sec et cassant. Il me demanda ce qui m'amenait à l'Hôtel-de-Ville ; je lui expliquai que plusieurs fois j'étais venu sans succès pour voir le maire, M. Etienne Arago, et lui demandai s'il pourrait m'introduire auprès de lui. — Ne pouvez-vous me confier ce que vous avez à lui dire ? — Je n'y vois pas grand inconvénient, lui répondis-je, mais.... et je jetai un coup d'œil prompt comme l'éclair, sur un personnage assis à côté de lui, à son bureau. — Vous pouvez parler, me dit-il d'un ton bref et cassant qui me surprit, je l'avoue, dans les circonstances où nous nous trouvions, et en raison de nos positions respectives. Vous pouvez parler, reprit-il ; Monsieur est un de mes amis. — Je répondis alors assez sèchement que ce que j'avais à dire était affaires de l'Etat, que je n'avais mission d'en parler qu'au Maire, mais que, vu l'impossibilité de le rencontrer, je me croyais assez autorisé pour en parler à son adjoint ; mais, ajoutai-je, il ne m'est pas possible de le faire devant des étrangers…. Ce Monsieur se leva aussitôt, prit son chapeau et disparut. S'il l'avait fait plus tôt, il m'eût évité l'inconcevable sortie de M. Brisson qui, à la vue du départ de son ami, eut un mouvement de colère tout-à-fait hors de saison, et m'apostropha en des termes et sur un ton absolument inconvenants ; il m'accusait d'avoir *chassé grossièrement* un de ses amis, un vrai républicain. — Je lui fis observer qu'en homme du monde, son ami aurait dû se retirer au premier mot. — Ce n'est pas un homme du monde, s'écria-t-il avec véhémence, c'est un républicain ! — Je lui répondis avec un calme parfait que je ne comprenais pas trop comment ces deux qualités pouvaient être opposées l'une à l'autre, que jusque-là j'avais toujours cru qu'on pouvait être républicain et tout-à-fait homme du monde « gentleman » comme disent les Anglais.

Cette observation le calma un peu ; je m'étais mis debout pour prendre congé, il me fit rasseoir, s'excusa avec une grande noblesse de cette sortie violente et intempestive, et rentra tout-à-fait dans son caractère, qu'on dit être bon, serviable et plein de dévouement.

Comme je l'ai dit en commençant, si je me suis laissé aller à raconter ce petit incident, c'est parce que la personne de M. Brisson, au-dessus de toute atteinte et de toute critique comme caractère et qualités morales, peut servir sans inconvénient d'exemple et de leçon aux républicains qui malheureusement se laissent trop souvent aller, une fois au pouvoir, à prendre un ton cassant, dur, désagréable, oublient facilement l'égalité et la fraternité, et font ainsi le plus grand tort au gouvernement de la République.

Un peu dégoûté de ces visites officielles, je les terminai brusquement par une dernière que je rendis à M. Pelletier, chef de division aux affaires municipales. Ce personnage, malgré l'antagonisme qui existait entre nos deux administrations, me reçut avec une courtoisie parfaite et m'affirma qu'il ferait tout son possible pour éviter les petits froissements qui pourraient exister dans nos services respectifs. M. Pelletier, que sa connaissance approfondie des matières municipales a conservé au pouvoir après la révolution du 4 septembre, occupe aujourd'hui sous M. Léon Say une des plus hautes positions de la Préfecture de la Seine.

CHAPITRE VII

Événements du jour. — Les cartes de boucherie. — Les Halles et le commerce de Paris. — Souscription pour les canons. — Le chef d'Etat-major, général Schmitz. — Les maraudeurs.

La proclamation du 1ᵉʳ octobre du général Trochu établit nettement la situation :

La Prusse avait solennellement déclaré qu'elle ne prenait les armes que pour combattre la politique répudiée par la France. Mais elle a depuis longtemps levé le masque : c'est l'honneur de la nation qu'elle veut humilier, et son existence même qu'elle veut détruire, etc.

Il ne reste plus qu'à combattre avec énergie; on distribue 400,000 fusils: l'enthousiasme augmente avec le péril. Une fatale nouvelle arrive de province : Strasbourg et Toul viennent de succomber après une héroïque défense. En réponse, Paris, qui a des fusils, demande des canons. Le comité d'artillerie répond par un *non possumus*. L'industrie privée sollicite d'être mise à l'épreuve ; un homme que Paris honorera à jamais, M. Dorian, ministre des Travaux publics, se met courageusement à sa tête et fait des prodiges. L'ennemi, de son côté, continue ses travaux ; nos forts lancent des obus sur ses travailleurs et sur ses colonnes de marche.

Les denrées renchérissent à vue d'œil : les brochets se vendent de 7 à 14 francs. Le beurre frais, 5 francs la livre. Le beurre salé, 3 fr. 50 à 3 fr. 75. Le chou, de 1 fr. 20 à 1 fr. 50. Une oie, de 16 à 24 francs. Un lapin, de 6 à 8 francs, et ainsi de tout.

La question de la *Commune* commence à s'agiter. Les bataillons de Belleville, commandés par le major Flourens, descendent en armes à l'Hôtel-de-Ville, et réclament des armes meilleures, de marcher à l'ennemi, ainsi que des élections municipales. Ils sont reçus par le général Trochu, Léon Gambetta, Etienne

Arago, Jules Ferry, Dorian qui, tour à tour, prennent la parole et répondent aux observations du major Flourens et de ses amis. A diverses reprises, Gustave Flourens offre sa démission : elle est refusée. Enfin, la manifestation se retire et rentre à Belleville, en bon ordre et avec un calme parfait. Si elle ne se fût pas faite en armes, elle eût certainement inspiré plus de sympathies.

M. Gambetta part pour la province; il va lui communiquer ses ardeurs patriotiques et soulever contre l'ennemi commun tout ce qui a un bras et un cœur français. Son départ est salué par les cris enthousiastes de : « Vive la République ! vive la France ! »

Nouvelle manifestation en faveur de la Commune sur la place de l'Hôtel-de-Ville ; elle rencontre une vive opposition. Une dépêche de M. Gambetta arrive par pigeon; elle annonce son heureuse arrivée après mille péripéties, et donne un état sommaire des positions qu'occupe l'ennemi. Des bruits d'armistice circulent, motivés par les allées et venues, entre Versailles et Paris, d'un personnage américain.

L'inaction du Gouverneur de Paris commence à jeter un certain découragement; nous perdons du monde en escarmouches inutiles; les vivres se consomment et deviendront la question capitale si l'inaction se prolonge.

M. Edmond Adam est nommé préfet de police, en remplacement de M. de Kératry dont la démission est acceptée, et qui part chargé d'une mission spéciale par le ministre des Affaires étrangères. — Mort de M. de Dampierre, commandant des mobiles de la Côte d'Or, tué glorieusement sur une barricade à la tête de la colonne d'attaque. — Incendie du château de Saint-Cloud par les obus du Mont-Valérien. — M. Ranc, ex-maire du IXe arrondissement, part en ballon, chargé d'une mission spéciale auprès de la délégation de Tours. — M. Dorian rompt en visière avec les comités, et fait fondre des canons. — Le général Bourbaki s'échappe de Metz. — Le général Trochu, cédant à la pression de l'opinion publique, se décide à mobiliser une partie de la garde nationale sédentaire. — Le journal *La Vérité* pose au gouvernement les questions les plus embarrassantes; elles provoquent une émotion extraordinaire. En réponse, le Gouvernement, interdit, commence par emprisonner son rédacteur en chef, M. Portalis, puis, avec mille circonlocutions, répond aux questions de *La Vérité* et aux faits qu'elle avance, d'une manière si évasive que, malgré ses dénégations, le public reste convaincu que *La Vérité* était bien instruite. M. Dorian présente l'exposé des travaux entrepris sous ses auspices par l'industrie privée; ils sont formidables: canons, mitrailleuses se comptent par centaines; les projectiles par centaines de mille; la population en est fière, le ministre des Travaux publics a bien mérité de la patrie, l'industrie parisienne est plus que jamais la première du monde. Gambetta envoie des dépêches rassurantes sur la province; il annonce l'arrivée de Bourbaki. — Le général Cambriels se maintient fermement de Belfort à Besançon. — Nous avons encore à Metz 90 mille hommes qui font vaillamment tête à l'ennemi.

Nous voilà à la trente et unième journée de blocus; les provisions du plus grand nombre commencent à s'épuiser. Les détenteurs de vivres les cachent de plus en plus, et ne les livrent à la consommation qu'à des prix fabuleux : un kilo de beurre frais se vend à cette heure 32 francs.

Le froid est très-vif, et les rues de Paris offrent le douloureux spectacle des « queues » devant les boucheries.

De pauvres femmes, des enfants, des vieillards, grelottent pendant des 5 et 6 heures devant les étaux des bouchers, attendant leur tour d'être servis. Bien des fois, hélas ! le tour arrive, mais il n'y a plus rien ! et il faut recommencer le lendemain.

Le spectacle de tant de misères impressionne douloureusement la population ; mais elle les supporte avec résignation, avec un courage qui, quelques mois plus tard, sera tout simplement de l'héroïsme.

Enfin, on imagine de remettre à chaque habitant ou à chaque chef de famille des cartes portant la désignation de la boucherie où il doit se rendre, son nom et le nombre de rations auxquelles il a droit. Ces rations sont de cent grammes pour les adultes, par jour et par personne, et de cinquante grammes pour les enfants. Les bouchers sont pourvus d'autant de viande qu'ils ont de portions à servir, et pour éviter les longues stations, on décide que chaque porteur de cartes se fera servir pour trois jours. Ce mode d'opérer, s'il n'obvia pas à tous les inconvénients, apporta cependant un grand soulagement à la détresse publique.

Les Halles et Marchés de Paris virent alors commencer cette série de tribulations et de dangers, qui se prolongea jusqu'à la fin de la Commune. Sans cesse assaillis par une foule de gens qui cherchaient à se procurer les choses nécessaires à l'existence, ils eurent à supporter toutes les colères d'une population qui n'était pas habituée à payer les denrées vingt fois leur valeur ancienne, et qui ne se rendait pas un compte bien exact des événements qui se passaient. On s'en prenait aux employés qui n'en pouvaient mais, aux malheureux marchands au détail qui vendaient cher ce qu'ils payaient cher, ce qu'ils payaient quelquefois de leur vie; car plus d'un récoltait sous le feu de l'ennemi ce qu'il apportait aux Halles, et un grand nombre d'entre eux furent impitoyablement massacrés par les avant-postes prussiens qui ne ménageaient ni les femmes ni les enfants.

Les foules sont faciles à irriter, mais sont presque toujours sensibles au raisonnement, à de bonnes paroles. Investis de pouvoirs considérables, pouvant disposer d'une force armée imposante, je ne voulus jamais écouter les conseils de la peur ou de la colère qui, maintes fois, me furent adressés.

Dans les moments les plus critiques, quand les Halles étaient envahies par des masses de quatre à cinq mille individus, je refusai péremptoirement d'employer les baïonnettes, et me contentai de me rendre au milieu de ces foules affolées. Par de bonnes paroles, un langage à leur portée, des appels chaleureux à leur patriotisme, je suis toujours parvenu à les calmer, à les dissiper sans catastrophes.

Autant je défendrai mes pauvres marchands des Halles et Marchés, autant je flétrirai les spéculations honteuses de certains négociants qui, sans pitié comme sans patriotisme, édifièrent de scandaleuses fortunes, dont plusieurs à millions, sur la misère publique et les souffrances de leurs malheureux compatriotes. Ces êtres sans nom qui, dans leurs rapaces prévisions, avaient entassé dans leurs caves la nourriture de leurs concitoyens, préférèrent laisser pourrir une partie de ces denrées, que de les livrer avec un bénéfice raisonnable, à la consommation. Ils ont pu voir, ces misérables, les femmes piétiner des jours entiers dans la boue et la neige, s'exposer au feu de l'ennemi pour procurer à leurs maris aux remparts, et à leurs enfants grelottants à la maison, une subsistance insuffisante, indescriptible; et leurs caves regorgeaient de denrées qui eussent prolongé leur existence, qui sait? même sauvé la patrie! Ils supputaient dans leur esprit atrophié les bénéfices que pourraient leur apporter la détresse publique, toujours croissante!

Les journées s'écoulent, apportant chacune leur contingent de luttes acharnées contre l'ennemi extérieur — les Prussiens — et contre l'ennemi intérieur — la faim. On dirait que l'appétit croît en proportion de la diminution des vivres.

Le stock de l'Etat est encore si considérable, qu'on ne s'émeut pas outre mesure des difficultés croissantes. Chacun pense qu'à tout prendre, le siége ne durera pas si longtemps. Paris tenant tête aux Prussiens, les armées de la province ne tarderont pas à venir les écraser sous ses murs. Un pigeon, en effet, apporte des nouvelles de Tours ; le ministre de l'Intérieur, Léon Gambetta, écrit :

La levée des hommes et la constitution de l'armée de la Loire continuent avec une grande activité. Nous avons fait venir tout ce qu'il y avait de disponible en Algérie ; on y a trouvé plus d'artillerie qu'on ne croyait en avoir. Marseille est tout-à-fait rentré dans l'ordre. Le préfet, naguère si attaqué, a passé dimanche une revue de cinquante mille gardes-nationaux qui lui ont fait un trèschaleureux accueil. L'ennemi a occupé Orléans. Nos forces sont concentrées sur la Loire, couvrent Bourges, et se préparent à prendre l'offensive. Les mouvements de nos troupes, dans la Franche-Comté et les Vosges, et ceux de l'Ouest, se continuent.

L'espoir est dans tous les cœurs. De tous côtés, des souscriptions publiques s'ouvrent pour la fabrication des canons et des mitrailleuses. Les corporations, les simples particuliers rivalisent de zèle pour offrir à la Défense nationale les engins libérateurs.

Les Dames de la Halle et les titulaires des Marchés, ne restent pas en arrière de ce mouvement national, et versent bientôt entre mes mains près de dix mille francs, somme considérable si on songe qu'alors leurs bénéfices étaient déjà, pour beaucoup, bien au-dessous des charges qui leur étaient imposées. Certains corps d'état, tels que les bouchers, tripiers, etc., voulurent s'occuper eux-mêmes de la fabrication de leurs canons, et s'entendirent directement là-dessus avec M. Dorian, le ministre des Travaux publics.

Une fête touchante eut lieu à cette occasion aux Halles centrales: les bouchers ayant fait fabriquer une de ces magnifiques pièces de 7 qui se chargent par la culasse et qui furent le triomphe de l'industrie privée, l'amenèrent un jour, tout attelée, aux pavillons des Halles. Ils vinrent ensuite me prier de l'offrir avec eux au général Trochu, gouverneur de Paris. Nous partîmes, drapeaux déployés, une excellente musique en tête qui jouait nos airs patriotiques; une foule immense et joyeuse suivait en bon ordre la députation. Nous attendîmes assez longtemps dans une des cours du Louvre; enfin, un Monsieur, à la figure de traître de mélodrame, parut sur le perron, et avant de saluer et de prononcer un mot de remercîment, d'un ton aigre donna l'ordre de tourner immédiatement la pièce de l'autre côté: la gueule du canon le gênait sans doute! Après quelques paroles, aussi laconiques et aussi froides que ses bulletins ordinaires, M. Schmitz pirouetta sur ses talons et rentra dans la coulisse, c'est-à-dire dans le palais. Nous restâmes tout interdits, le froid dans le cœur, et après un dernier regard jeté sur cette chère pièce, que nous voyions déjà attelée à la prussienne, nous nous retirâmes en proie aux plus sinistres pressentiments.

Le 23, M. E. de Portalis, rédacteur en chef de *La Vérité*, qui, on se le rappelle, avait été incarcéré pour ses interpellations au Gouvernement, est remis en liberté par suite d'une ordonnance de *non lieu*. Il obtient ainsi gain de cause aux yeux du public.

Aux Halles, on se dispute les légumes frais. C'était un étrange spectacle que celui de l'arrivée des charrettes de fournisseurs; elles étaient immédiatement assaillies par les acheteurs qui grimpaient jusque sur les roues pour être plus tôt et plus sûrement servis.

On commence à consommer sérieusement

la viande de cheval, qui inspire au plus grand nombre une répugnance qu'il est difficile de s'expliquer. Plus tard, quand nos malheurs se seront accrus, on la préférera à la viande de nos bœufs avachis par les privations, le manque de soins, le séjournement sur les voies publiques, exposés à toutes les injures du temps, ainsi qu'à celles des moutons infestés de cette dégoûtante maladie qu'on nomme clavelée.

Les inspecteurs de boucherie, les employés aux comestibles reçoivent les instructions les plus précises et les plus sévères relativement à l'hygiène publique, sujet des préoccupations les plus constantes de toutes les administrations, car la mortalité augmente de semaine en semaine.

Pendant les mois de septembre et d'octobre, les Halles centrales avaient, à peu de chose près, conservé leur aspect habituel. La vente des légumes frais étaient entretenue par les maraîchers de Vaugirard, de Ménilmontant, de Montrouge, et par une nuée de maraudeurs qui, au péril de leur vie, s'en allaient faire des récoltes jusqu'au-delà de la ligne de nos forts, sous la protection de nos avant-postes. Beaucoup furent tués dans ces périlleuses expéditions. Les pommes de terre, les œufs, le beurre, le fromage, la volaille qu'on voyait encore aux étalages, provenaient des paysans des environs de Paris qui s'y étaient réfugiés.

Si la marée faisait défaut, elle était compensée par l'abondance des poissons salés, et par l'arrivée quotidienne de poissons frais provenant des pêcheries de la Seine. Plus tard, ces pêcheries reçurent une organisation complète, presque militaire, et fournirent, jusqu'aux fortes gelées, un aliment recherché aux tables luxueuses. Nos Lucullus purent encore se procurer ces mets exceptionnels, quand leurs concitoyens se régalaient de chiens, de chats, de rats. Mais M. le Ministre du Commerce, qui avait pris l'initiative de cette organisation et, pour ainsi dire, improvisé cette extrême ressource, les leur fit bien, bien payer : ce fut un véritable impôt sur les riches, quoique facultatif.

Le 26 octobre, M. Gambetta est nommé ministre de la guerre à Tours ; on vit plus tard quelles furent les conséquences de cette nomination. Armé de pouvoirs considérables, M. Gambetta put donner essor à ses sentiments patriotiques, soulever ces masses inertes qui acceptaient, impassibles, l'humiliante injure de l'occupation ennemie, réunir sous les drapeaux tout ce qui sentait un cœur français battre dans sa poitrine, et organiser des armées dont les jeunes soldats, galvanisés par ses ardeurs et son exemple, tinrent tête à de vieilles troupes aguerries, rompues à toutes les fatigues et surexcitées par des triomphes sans pareils dans l'histoire des peuples.

CHAPITRE VIII

Envahissement de l'Hôtel-de-Ville, le 31 octobre 1870. — M. Cresson, préfet de police. — Equipée de Raoul Rigault. — Héroïsme de la population parisienne. — Le prix des denrées. — Le plan du général Trochu. — Proclamation. — M. Jules Ferry, maire de Paris. — Troubles au marché de Montrouge. — Rapports entre le ministère de l'Agriculture et du Commerce, et l'Inspection générale des Halles et Marchés.

L'échec du Bourget, la reddition de Metz et l'arrivée de M. Thiers porteur d'une proposition d'armistice, que l'Angleterre, la Russie, l'Autriche et l'Italie formuleraient, viennent coup sur coup jeter une profonde émotion dans la capitale.

Le 31 octobre, une foule immense se porte à l'Hôtel-de-Ville. M. Flourens arrive à cheval, à la tête d'un bataillon de Belleville, et pénètre à grand'peine dans le palais municipal, suivi d'une foule énorme.

Arrivé dans la salle des séances, il somme les membres du Gouvernement présents, de donner leur démission. Ce sont : MM. Trochu, Jules Favre, Jules Simon et Magnin.

M. Tamisier est aussi présent. Ceux-ci refusent complétement de se rendre à l'injonction du major Flourens. Dans une autre salle, on proclame la Commune, on fait circuler des listes du nouveau gouvernement. On acclame, comme président, M. Dorian, qui refuse nettement et ne tarde pas à s'évader, ainsi que MM. Ferry et Picard : le général Trochu, de son côté, parvient à se dégager et disparait. Vers dix heures du soir, l'Hôtel-de-Ville est entièrement au pouvoir des nouveaux occupants. Blanqui qui semble en être le chef, envoie de tous côtés des émissaires, escortés militairement, pour s'emparer des ministères et des principaux postes ; ceux-ci ne sont accueillis nulle part, et se retirent sans résistance.

En ce temps, M. Ernest Picard, réfugié au ministère des finances, prévient la Place, expédie une estafette au général Ducrot, et fait battre le rappel dans plusieurs quartiers. Deux fortes colonnes, dirigées par MM. Jules Ferry et Edmond Adam, partent de la place Vendôme et arrivent sur l'Hôtel-de-Ville : l'une pénètre à l'intérieur, par le souterrain qui communique avec la caserne ; l'autre force les portes d'entrée et s'empare de l'Hôtel-de-Ville tout entier. L'heure est suprême. Les membres du nouveau gouvernement sont enfermés dans une salle avec ceux de l'ancien faits prisonniers, et qui sont déclarés otages ; on parlemente. La salle est en partie évacuée ; des forces imposantes se massent sur la place de l'Hôtel-de-Ville ; on annonce l'arrivée de Ducrot avec dix mille hommes et deux batteries. Toute résistance est devenue inutile.

Cette journée se termina heureusement sans effusion de sang ; mais la *Commune* y reçut de la main même de ses trop jeunes et trop inexpérimentés amis, une blessure qui ne se cicatrisa jamais, se rouvrit plus tard, et, grâce à leur folie, la conduisit à la mort après les avoir noyés dans le sang qui s'en échappait. Une vive agitation régna dans Paris après ces tristes événements. Ils donnèrent lieu à la révocation d'un grand nombre de chefs de bataillons. M. Edmond Adam, préfet de police, crut devoir donner sa démission, ne voulant pas manquer à l'engagement qu'il avait pris, dans l'intérêt des membres du Gouvernement retenus prisonniers, de ne procéder à aucune arrestation de citoyens compromis dans cette journée du 31 octobre. M. Cresson fut appelé à lui succéder.

On raconte que, dans la nuit de cette journée du 31 octobre, Raoul Rigault, qui était alors commissaire spécial attaché à la Préfecture, et dont toutes les idées convergeaient vers ce centre, comme l'aiguille aimantée vers le pôle, s'y rendit précipitamment, afin de s'en emparer. Il eut la sottise de faire réveiller madame Adam pour la sommer de sortir immédiatement de la Préfecture. Madame Adam, sans s'émotionner le moins du monde, le mit tranquillement à la porte. Décontenancé, il se retira sans mot dire. Il était trop intelligent pour ne pas sentir qu'il avait fait une inconvenance et une grande maladresse.

Le lendemain, M. E. Adam, toujours bon et indulgent, se contenta de le relever de ses fonctions. Ce fut un grand malheur pour ce jeune homme, car il devait le conduire plus tard à des actes insensés, et finalement à la mort. Quelques jours après, arrêté avec les principaux acteurs de l'échauffourée du 31 octobre, Rigault dut à la généreuse intervention de M. E. Adam, d'être remis en liberté.

L'horizon se rembrunit; la population de Paris s'arme de courage et de patience. Son patriotisme est incomparable; elle endure les souffrances les plus cruelles avec un stoïcisme digne des plus grands éloges, supporte le froid, la faim avec abnégation, sans murmurer, pardonne généreusement les fautes de ses gouvernants et celle des impatients qui menacent de tout compromettre par leurs intempestives ardeurs. Elle répond aux folies de l'ennemi par des coups de fusil; à celles des exaltés, à coups de bulletins.

L'armistice négocié par les quatre grandes puissantes neutres, échoue devant les exigences de la Prusse; n'importe, Paris fera payer cher à ces nouveaux Huns et au moderne Attila les larmes et le sang qu'ils lui font verser.

Ce même jour, 5 novembre, ce brave peuple de Paris accomplissait dans le plus grand calme ses élections municipales, montrant ainsi aux énergumènes sa force et sa raison. Plus tard, quand les passions politiques se seront calmées, l'Histoire, froide et impartiale, rendra à cette population de Paris la justice qui lui est due, et posera sur sa tête une couronne civique pour glorifier toutes ses vertus.

Les derniers étrangers, semblables aux chats qui, dit-on, fuient la maison quand elle va s'écrouler, s'empressent de quitter Paris. Un « ce sont des bouches de moins » est tout le regret qu'ils inspirent; Paris n'a pas oublié qu'une célèbre ambassadrice, qui fit beaucoup parler d'elle du temps de l'Empire, l'avait baptisé du nom de « cabaret international. » Il fait cher vivre aujourd'hui à ce cabaret: une oie coûte 30 francs; un poulet, 15 francs. On ne vend de dindes que sous le manteau de la cheminée: il faut être l'*ami* d'un marchand de comestibles pour qu'il vous en cède une « à prix coûtant: » soixante francs. Une paire de lapins vaut 36 francs; on ne se fait plus trois mille francs de rente dans cette industrie là, fi donc! mais vingt beaux mille francs. Il y a encore des gens qui mangent du beurre frais; il est vrai qu'il ne leur coûte guère que 25 francs la livre. Les pauvres gens doivent se contenter de pommes de terre à 6 francs le boisseau, et de choux à 1 fr. 60 pièce. Le spectacle de ces infortunées ménagères, courant d'une denrée à l'autre sans trouver rien à des prix possibles, est navrant. Je me rappellerai toute ma vie la figure de l'une d'elles demandant le prix d'un hareng (les marchands les désignent sous le nom de gendarmes, n'en déplaise à M. Valentin). — Le gendarme, 2 fr. 50, ma petite mère, répond la marchande. La pauvre femme s'enfuit épouvantée, répétant tout le long du chemin : deux francs cinquante un gendarme! un gendarme, deux francs cinquante! Il est de fait que c'était bien cher.

Les bruits d'armistice, plusieurs fois renouvelés, se dissipent peu à peu; l'impatience gagne visiblement la population de Paris, qui voudrait procéder à l'action.

On discute le fameux plan du général

Trochu ; si on avait le cœur à la plaisanterie, on établirait des paris sur ce plan passé à l'état de mythe ; mais hélas ! les ambulances se remplissent, les environs de Paris sont de plus en plus dévastés, une assourdissante canonnade emplit les airs de jour et de nuit, et la triste capitale, comme sœur Anne, ne voit rien venir... de grosses larmes emplissent ses yeux, larmes d'indignation, de rage, de douleur ; larmes de vrais patriotes et non de diplomates, larmes qui partent du cœur et non d'un portefeuille.

Le général Trochu, sans doute avisé que ses tergiversations, son inertie, ses lenteurs indisposaient la population qui allait jusqu'à douter de l'existence du fameux plan, profita de l'occasion de la reprise d'Orléans par nos troupes, sous le commandement du général d'Aurelles de Paladines, pour lancer une proclamation. Je ne donnerai pas cet indigeste manifeste, diffus comme ses discours qui ressemblent au jet d'une fontaine ou d'un tonneau d'Auvergnat : c'est brillant, l'eau en est pure et limpide ; mais on la dirait pétrifiée, elle est glaciale, et Paris est en ébullition !

Dans cette lourde élucubration, M. le général

Trochu, devançant les éclaircissements de l'histoire, prétend qu'il est de de notoriété « que la
« Prusse avait accepté les conditions du gou-
« vernement de la défense pour l'armistice
« proposé par les puissances neutres, quand
« la fatale journée du 31 octobre est venue com-
« promettre une situation qui était honorable
« et digne, en rendant à la politique prussienne
« ses espérances et ses exigences. »

Où M. le général Trochu avait-il acquis cette *notoriété* dont il paraît si sûr, et cette connaissance intime des dispositions de la diplomatie prussienne et des pensées personnelles de M. de Bismark ? N'approfondissons pas ; M. Trochu eût peut-être mieux fait d'attendre les pièces de l'histoire avant d'être aussi affirmatif.

Le 16 novembre, M. Jules Ferry succède à M. Etienne Arago qui donne sa démission de maire de Paris. C'était, comme on le dit vulgairement, remplacer un borgne par un aveugle. Une situation d'une importance aussi considérable, surtout au milieu d'événements d'une gravité exceptionnelle, demandait d'être occupée par un homme d'une grande habileté, et surtout d'une énergie extraordinaire. A un vieillard usé dans les luttes politiques, succédait un homme jeune, il est vrai, mais sans capacité et sans caractère.

L'agitation produite par le renchérissement excessif des vivres, devient inquiétante, surtout sur les marchés éloignés. On parvient encore à maintenir l'ordre et la tranquillité aux Halles centrales, par la douceur, la persuasion et l'appel aux sentiments patriotiques ; mais dans les quartiers excentriques où les passions sont plus vives et les besoins plus pressants, les difficultés redoublent, et la situation devient extrêmement dangereuse. — Des troubles graves éclatent au marché de Montrouge, dans le 14ᵉ arrondissement. Des mesures sont prises immédiatement, de concert avec le maire ; le Préfet, avisé de suite, m'adresse la lettre suivante :

Paris, 16 novembre 1870, 8 h. 1/2.

Monsieur l'Inspecteur général,

L'avis de M. le Préfet de police, en recevant votre rapport, est qu'il y aurait le plus grand inconvénient à ce que le marché de Montrouge demeurât fermé. Il approuve de tout point les raisons que vous donnez à cet égard. L'intention de Monsieur le Préfet est donc que le marché soit ouvert demain comme à l'ordinaire, avec des forces suffisantes pour que l'ordre ne soit pas troublé. Ces forces doivent être fournies par la garde nationale, et vous aurez à vous entendre sur ce point avec le Maire de l'arrondissement. S'il survenait des incidents graves, vous auriez à en référer immédiatement à Monsieur le Préfet par la voie la plus prompte, télégraphe ou exprès. Au besoin, vous pourriez requérir le poste le plus voisin de la garde-républicaine.

Veuillez agréer, etc.

Le Chef du cabinet,
CHOPPIN.

Nous n'eûmes, le Maire et moi, pas besoin d'avoir recours à la force que nous n'eussions, du reste, jamais employée que contre les meneurs et les traîtres du pays, qui pullulaient partout et faisaient tous leurs efforts pour exciter au désordre une population ordinairement paisible, mais alors enfiévrée par les privations et les malheurs du temps. On fit un appel aux bons sentiments de la garde nationale et de la population ; une proclamation pacifique et conciliante fut affichée dans tout l'arrondissement, et le calme se rétablit sans qu'on eût à déplorer aucun malheur. Quelques perturbateurs à gages ayant voulu renouveler le lendemain leurs exploits, furent appréhendés par la population elle-même et la garde nationale, et conduits au poste.

Les mêmes incidents se reproduisent sur presque tous les points de la capitale ; les estafettes se succèdent rapidement ; les employés de l'administration accomplissent les ordres qu'ils reçoivent avec beaucoup de zèle, d'exactitude, de dévouement, mais ils ne parviennent pas toujours à rétablir le calme ; l'intervention de leurs chefs devient parfois urgente : nous sommes ainsi faits en France, que l'autorité supérieure a plus d'influence que celle qui part d'en bas, celle-ci fût-elle même plus éclairée !

De nombreux services, pris dans celui de l'Inspection générale, furent organisés pour le compte de M. le ministre de l'Agriculture et du Commerce. Les employés ne travaillaient que pour lui, et accomplissaient avec une abnégation digne des plus grands éloges les tâches les plus répugnantes ; des employés aux écritures, par exemple, transformés pour les besoins du moment en bouchers d'abattoirs, manipulaient, pesaient la viande sans sourciller, et riaient eux-mêmes de leur transformation. Ce n'était certes pas l'intérêt qui les faisait agir, car le plus souvent éloignés de leurs foyers domestiques, le prix de leur nourriture absorbait entièrement leur gain. Le bien public était leur seul mobile, le patriotisme leur guide et leur soutien. J'eus le bonheur plus tard, grâce à l'esprit de justice et au bon cœur de M. Magnin, ministre du Commerce, de leur faire accorder une gratification qu'ils avaient on ne peut mieux méritée.

La question de l'approvisionnement prenait de jour en jour une importance plus considérable; elle devait finir par être la principale dans la défense de Paris.

Déjà à cette époque, outre le concours que mon administration apportait au ministère de l'Agriculture et du Commerce, elle dut en prêter un semblable à M. le général Trochu, gouverneur de Paris; la lettre suivante, en date du 12 novembre 1870, indiquera de quelle nature étaient les renseignements demandés par le général.

MONSIEUR,

Le Général me charge de vous remercier pour les renseignements que vous avez bien voulu lui donner sur la situation de l'approvisionnement en bétail. Il accepte votre promesse de lui faire bientôt connaître le résultat de la réquisition faite par monsieur le Ministre de l'Agriculture et du Commerce, des bœufs, vaches, etc., se trouvant dans Paris.

Agréez Monsieur, etc.

Mais.... il y a toujours un mais en toutes choses, ce n'était pas rose quelquefois, de se dévouer au bien public ; la correspondance ci-jointe va nous le prouver. J'avais chargé un certain M. X., homme très-habile, très-actif, très-entendu, que j'avais fait appointer au ministère du Commerce après de nombreux services rendus tout gratuitement, de me fournir quelques renseignements, sur les réquisitions de bétail, demandés par le général-gouverneur.

Quel ne fut pas mon étonnement de recevoir à ce sujet, du chef de cabinet, la lettre suivante :

Paris, 22 novembre 1870.

Monsieur l'Inspecteur général,

Vous avez demandé à M. X...., employé de mon ministère et chargé d'une surveillance à l'approvisionnement, de vous transmettre des renseignements sur la quantité de bestiaux qui existent encore.

M. X.... n'avait pas qualité, et ne pouvait vous faire cette réponse. La demande que vous avez faite aurait été provoquée par des agents du Ministère de la Guerre qui voulaient être renseignés sur le stock restant. Il me paraîtrait plus naturel et plus convenable que le Ministre de la

Guerre, s'il a besoin de renseignements, s'adresse à moi. Je crois que c'est en ce sens qu'il faudra répondre aux personnes qui vous ont prié de leur procurer ces renseignements.

Agréez, etc,
Pour le Ministre du Commerce,
LANNE.

Voici quelle fut ma réponse :

Paris, 24 novembre 1870.

Monsieur le Chef du cabinet,

J'ai l'honneur de vous accuser réception de votre lettre du 22 courant, tout-à-fait incompréhensible pour moi, par la forme et par le fond.

Il est vrai que j'avais prié M. X.... de prendre un renseignement, surtout auprès de M. de ***, non pas pour le Ministre de la Guerre, mais pour M. le Gouverneur de Paris. Ce renseignement était un simple contrôle de celui que je possédais déjà, puisé à la meilleure source.

J'ai même pris la liberté de vous adresser personnellement la même question lors de ma dernière visite, faite hier 23 courant. Ce sont renseignements qu'il est d'usage de se transmettre d'administration à administration, dans l'intérêt public.

Je me croyais d'autant plus autorisé à m'adresser à votre Ministère, que pas un seul jour ne se passe sans que nous vous envoyions des informations qui vous intéressent, et qu'une partie même du personnel de notre administration s'occupe avec beaucoup de zèle des affaires spéciales de votre ministère.

Quant à l'observation que vous me faites, monsieur le Chef du cabinet, que M. le Ministre de la Guerre (ou plutôt M. le Gouverneur de Paris) devrait s'adresser à vous personnellement, je n'ai ni à juger ni à apprécier la volonté de Messieurs les Membres du Gouvernement ; je n'ai qu'à satisfaire leurs désirs avec le plus de zèle qu'il m'est possible, parce que je suis bien convaincu que c'est pour le plus grand bien de la chose publique.

Toujours à la disposition de votre Ministère.

    Veuillez, etc.

Je croyais cette affaire terminée, mais je n'avais pas compté sur les bons sentiments de M. Lanne qui, sous des formes sèches, brèves, glaciales, qui lui firent beaucoup d'ennemis, cachait un cœur bon, droit, honnête, et un esprit juste et sain ; il crut devoir m'adresser la lettre suivante que je transcris ici, parce qu'elle est la preuve des bons sentiments d'un homme que la mort a trop tôt ravi à l'affection de ses amis, et à la République à laquelle il était dévoué.

    Paris, 26 novembre 1870.

Monsieur l'Inspecteur général,

Vous vous êtes mépris sur le sens de ma lettre, si vous y avez cru trouver une pensée de reproche.

Mon intention a été de vous mettre à couvert, et aussi de couvrir la responsabilité de M. X.... Rien de plus.

Je rends pleinement justice au zélé concours que vous n'avez pas cessé de me prêter, et je puis vous assurer que mon seul désir est de voir se continuer les excellents rapports qui existent entre mon département et votre administration. — Ce concours est nécessaire pour le bien de la chose publique, et vous le sentez trop bien pour y renoncer.

Recevez, etc.

Pour le Ministre du Commerce,
LANNE.

J'étais du reste assez sûr des renseignements demandés par le gouverneur de Paris pour les lui avoir transmis sans autre contrôle et à défaut de celui du ministère du Commerce, et j'avais déjà en main l'accusé de réception ci-joint, au reçu des missives susdites :

Paris, 24 novembre 1870.

Monsieur,

Le général gouverneur de Paris me charge de vous remercier pour le renseignement que vous avez bien voulu lui communiquer sur le résultat de la réquisition du bétail sur pied, faite par monsieur le Ministre de l'Agriculture et du Commerce.

Agréez, etc.

Comm^t. BIBESCO.

CHAPITRE IX

Lettre de la Préfecture. — Le fromage. — La chasse aux rats. — Les Clubs. — Journées des 29 et 30 novembre. — Bulletin du général Trochu. — Ducrot. — Panique au sujet du pain. — Lettre de M. Cresson. — Un personnage russe. — Récompenses aux employés de l'Inspection générale et de la Préfecture.

Revenons à nos moutons que les souffrances transforment peu à peu en loups ; le public s'aigrissait, devenait exigeant, querelleur, batailleur. Il fallait être bien réellement touché de compassion pour les maux excessifs qu'il endurait, pour conserver son sang-froid et son indulgence.

Tous les employés de l'Administration, depuis le Préfet jusqu'au dernier de la hiérarchie, bien pénétrés de la pénible mission qu'ils avaient à accomplir, s'armaient de patience, de résignation, et faisaient à qui mieux mieux de la conciliation. — Voici ce que m'écrivait le Chef du cabinet à propos d'un incident qui venait d'avoir lieu aux Halles Centrales :

Paris, 24 novembre 1870.

Monsieur l'Inspecteur général,

J'ai l'honneur de vous remercier, au nom de M. le Préfet, de la lettre que vous lui avez écrite pour lui rendre compte de l'incident qui s'est produit hier au marché des pommes de terre.

Monsieur le Préfet, en raison des causes exceptionnelles qui ont motivé l'intervention de votre Inspecteur, approuve les dispositions prises, tout en recommandant sous ce rapport la circonspection la plus grande. (1)

Il continue, du reste, à compter sur votre intelligent concours au milieu des circonstances difficiles que nous allons nécessairement traverser, et il vous prie de lui signaler d'urgence les faits qui pourraient se produire chaque jour dans l'important service dont la direction vous est confiée.

Veuillez, etc.

Le Chef du cabinet,
CHOPPIN.

---

(1) Il avait fallu autoriser la vente de pommes de terre et légumes à un prix moyen pour éviter le pillage et peut-être pire.

Membre de la comission pour la fourniture du pain des prisons du département de la Seine, je pus encore m'assurer, à la date du 23 novembre, que le pain des prisonniers était confectionné dans les meilleures conditions. Le public rationné pour la viande, ne l'était pas encore pour le pain qui n'avait subi aucune altération.

La disparition presque absolue du fromage fut un véritable événement pour Paris. Jamais personne ne saura à quelles manœuvres on se livra pour s'en procurer, le torrent de lettres que je reçus à ce sujet, les intrigues qui s'organisèrent dans ce but, et les ruses machiavéliques auxquelles on eut recours pour m'en soutirer quelque mince relief. On savait que les caves des Halles en regorgeaient, et on ignorait que cette denrée, comme les autres, n'était nullement à ma disposition, mais exclusivement à celle de M. le ministre du Commerce et sous la garde de la Préfecture de la Seine, ou pour mieux dire de la mairie de Paris. Chaque fois que je tentai auprès du ministre-cerbère de le pousser à une distribution en faveur de quelque affamé, cet homme, à la figure si douce, au cœur d'or, prenait un visage d'Othello, me regardait d'un air féroce et me lançait un *non possumus* auquel il n'y avait rien à répliquer; inutile d'insister, il nous aurait fait exécuter séance tenante.

Plus heureux que bien d'autres, sous prétexte d'inspection, j'allais m'asseoir sur une pile de ces magnifiques gruyères et manger mon pain sec imprégné de ce doux parfum, et même.... faut-il l'avouer? deux ou trois fois « j'en tondis la largeur de ma langue, » c'està-dire que je fis enfoncer la sonde dans leurs flancs pour m'assurer qu'ils ne pourrissaient pas, et j'en goûtai la grosseur d'une noisette; j'eus soin naturellement de me rincer chaque fois la bouche, de peur qu'à l'odeur on ne me soupçonnât de me livrer à des orgies de ce précieux produit de l'Helvétie.

Je ne sais pas, ou plutôt je ne sais que trop ce qu'étaient les fonctionnaires de l'Empire; la lettre ci-après montrera, quoique plaisamment écrite, ce qu'étaient ceux de la République. Elle est de mon excellent ami Napoléon Gallois, alors directeur de Sainte-Pélagie, et qui avait été condamné l'année précédente à cinq ou six mois de prison et à une forte amende, du fait d'un de mes articles reproduit dans son journal :

Paris, 29 novembre 1870.

Mon cher complice,

J'ai faim ! Ma femme a faim ! Ma fille a faim.

Dans cette terrible occurrence, je lève les yeux sur vous, qui représentez la nourriture, et je me demande si, par votre intercession, nous ne pourrions pas obtenir à des prix raisonnables :

Deux ou trois boisseaux de pommes de terre,

Deux ou trois litres de haricots,

Et.... luxe sardanapalesque, un morceau de fromage !!! Voyez.

A vous fraternellement.

Le directeur de votre ex-prison,
Napoléon GALLOIS.

Les greniers de Sainte-Pélagie étaient alors bien pourvus, comme ceux des autres prisons, et il ne venait pas même à l'idée de cet honnête fonctionnaire qu'il pût partager la maigre ration des prisonniers. Peu de temps après, M. Gallois donna sa démission, ne voulant pas être le geôlier de ses frères en politique.

Du reste, ce n'est pas le seul exemple de la scrupuleuse délicatesse des fonctionnaires républicains, j'en ai plein mes cartons, et je n'ai qu'à puiser au hasard. Un très-haut fonctionnaire m'écrit le 23 novembre :

Monsieur le Préfet vient de me dire que M. le Ministre du Commerce l'avait autorisé à faire prendre un fromage (tête de Maure). Je prie M. l'Inspecteur général de s'en faire délivrer un qu'il paiera, et que je lui rembourserai par les mains de la personne qu'il chargera de me l'apporter à mon bureau, etc.

Le même personnage m'écrit le lendemain :

Le fromage, partagé entre bon nombre de parties prenantes, a fait grand plaisir à tout le monde, et à notre Préfet comme à nous. Si M. le Ministre consentait à m'en délivrer un, pour moi, je l'accepterais bien évidemment, et en le payant, bien entendu.

J'eus la bonne chance de réussir dans cette *difficile* négociation, et une nouvelle tête de Maure fit bon nombre d'heureux.

Une autre fois, c'était la charmante femme d'un de nos écrivains les plus distingués, qui m'écrivait ces deux lignes navrantes :

Il n'y a donc pas moyen d'en avoir *un seul* pour une pauvre petite *Meurt-de-faim*. Comprenez-vous ?

Et de ces épîtres, au moins un millier ! On comprendra quelle était ma déplorable situation : on ne pouvait se persuader que je ne disposais pas d'un atome de l'approvisionnement de l'Etat. Si d'autres furent plus heureux que moi, que le fromage leur soit léger !

Enfin, pour en finir avec le produit de l'Helvétie et autres pays, un jour, c'était vers *la fin du siége*, quelqu'un me fit cadeau d'un morceau de *Brie*, de la grosseur de l'index. Je fis deux parts de cette merveille : l'une pour moi, l'autre pour un vieil ami qui souffrait cruellement de ces privations. A la vue de cette relique, cet exellent homme pensa se trouver mal. Heureusement, deux grosses larmes vinrent le soulager. Pendant deux jours, je ne le vis pas ; le troisième il vint me rendre une visite de cérémonie en frac, irréprochablement ganté, cravate blanche, et..... mon morceau de Brie monté en épingle, attaché à cette cravate ! J'en fus abasourdi : gourmets de l'antiquité et des temps modernes, vous étiez dépassés !

Le jour, la nuit, le canon tonne sur tout le périmètre de Paris. Les habitants de la grande capitale se sont habitués aux accords de cette nouvelle musique ; ils ne s'étonnent que lorsque parfois, elle cesse de se faire entendre.

Alors, chacun de se demander d'un air étonné :
— Qu'y a-t-il ? Un regard jeté sur les réfrigérants bulletins de M. le général Schmitz vous donne le mot de l'énigme : « Les forts de Bicêtre, Montrouge, Vanves et Issy ont tiré avec beaucoup de succès sur les positions de l'ennemi qui a dû évacuer à plusieurs reprises ses avancées. Nos travaux sont poussés sur tous les points avec la plus grande activité, etc., etc., » et ainsi de suite tous les jours. Je doute que le flegmatique chef d'état-major porte jamais son nom en français (Schmitz, Schmidt, maréchal.)

On attend pourtant autre chose : il faut sortir de cette impasse. Les vivres diminuent à vue d'œil ; déjà l'on organise la chasse aux rats, on fait des mamours aux chats qui, toujours fins et méfiants, prennent des airs de chats échaudés, fuient au plus haut des toits, et semblent par leurs miaulements répondre aux offres de *mous* faites par des mains assassines : *Timeo Danaos*, etc. Le chien, cet ami de l'homme, disent les naturalistes, — et je suis tenté de le croire, puisqu'il s'apprête à le tuer et à lui lever la peau, — fait une honteuse apparition sur les marchés et n'inspire qu'horreur et dégoût. On sent instinctivement que de manger ce fidèle serviteur à manger les petits enfants, il n'y a qu'un pas. Le plus grand nombre s'abstient.

La situation se tend; l'inertie du général Trochu entraîne dans le mouvement universel de réprobation qu'elle inspire, le gouvernement de la Défense nationale tout entier.

Les clubs fulminent: à celui de Belleville, un orateur convoque les gardes-nationaux à se rendre sans armes à l'Hôtel-de-Ville pour demander et, au besoin, exiger le rationnement des pommes de terre au prix de 2 francs le boisseau. Il se félicite hautement de l'avortement de la manifestation du 31 octobre :

Alors, dit-il, alors nous étions trop doux et trop confiants; nous n'aurions pas fait ce qu'il fallait. Nous le ferons aujourd'hui. Ce qu'il nous faut, c'est un 93. Eh bien! 93 reviendra, et, soyez en sûrs, citoyens, nous retrouverons des Robespierre et des Marat. *(Tonnerre d'applaudissements.)*

Les mêmes attaques contre le général Trochu et le gouvernement de la défense nationale se reproduisent dans maints autres clubs. A

celui de l'école de médecine un orateur va jusqu'à dire « que puisque le Gouvernement
» ne veut attaquer les Prussiens ni aujour-
» d'hui ni demain, ce serait sagesse de ren-
» verser un tel gouvernement, dont le peuple
» n'est pas content. »

La hausse progressive des denrées ne permettant pas aux gardes nationaux de vivre avec l'indemnité de 1 fr. 50, qui leur est allouée, le Gouvernement ajoute un subside de 75 centimes, affecté à leurs femmes.

Le 29 novembre, le Gouvernement fait paraître les lignes suivantes dans le *Journal officiel*:

Le Gouvernement invite le public à se tenir en garde contre les bruits qui pourraient circuler.

Les opérations militaires entreprises par le Gouverneur de Paris sont complexes ; elles comportent de feintes attaques et de feintes retraites; il est donc impossible de rien préjuger en annonçant la prise ou l'évacuation de tel ou tel poste. Les indications de cette nature pourraient parvenir à l'ennemi, et lui dévoiler nos desseins. Les mouvements préparatoires ont été accomplis par nos troupes avec un courage et un entrain qui remplissent leurs chefs d'espoir et de confiance.

En présence d'événements imminents, chaque citoyen

doit comprendre que le devoir est la réserve et le calme.
Après ces observations, on nous permettra de nous borner à dire que sur les points principaux des avancées, nos troupes ont occupé les positions qui leur avaient été désignées, et qu'elles sont en mesure d'agir.

Paris est dans l'attente : calme, froid, digne au dehors, mais dévoré de fièvre à l'intérieur.

Les proclamations, les bulletins se succèdent rapidement. Une épouvantable canonnade retentit dans tous les cœurs. L'action paraît engagée du côté de la Marne ; les hauteurs du Père-Lachaise sont envahies par une foule immense ; personne ne pense au froid de cette terrible matinée du 30 novembre, ou si on y pense, c'est pour gémir sur les malheureux qui tombent là bas dans la brume, déchirés par les obus et la mitraille. Pauvres gens, ils meurent pour la patrie, pour leurs foyers, pour le salut de tous.

La journée est bonne. Notre jeune armée a abordé avec sang froid et intrépidité les vieilles troupes prussiennes. Tout le monde a fait son devoir, soldats et officiers. La ville de Paris peut être fière de ses enfants. Matelots et mobiles se sont conduits en héros ; tous, tous se sont montrés les dignes fils de la France. Les nouvelles pièces prennent fièrement leur rang dans l'artillerie française; elles ont fait éprouver à l'ennemi des pertes énormes. Le succès de cette première journée de la grande bataille jette la joie dans tous les cœurs. Le mot « délivrance » court de bouche en bouche.

Toute la journée du 1ᵉʳ décembre se passe en canonnades vigoureuses; l'artillerie du plateau d'Avron couvre l'ennemi de ses feux. Nos troupes relèvent nos blessés, ainsi que ceux de l'ennemi qu'il a abandonnés; elles ensevelissent les morts.

Le 2, la canonnade recommence avec fureur. Le bulletin suivant, adressé par le général Trochu au général Schmitz pour être communiqué au Gouvernement, nous dit quelles furent les péripéties et la fin de cette journée:

Paris, de Nogent, 6 h. 30 m. du soir.

Je reviens à mon logis du fort, à cinq heures, très-fatigué et très-content.

Cette deuxième grande bataille est beaucoup plus décisive que la précédente. L'ennemi nous a attaqués au réveil avec des réserves et des troupes fraîches; nous ne pouvions lui offrir que les adversaires de l'avant veille, fatigués, avec un matériel incomplet, et glacés par des nuits d'hiver qu'ils ont passées sans couvertures, car, pour nous alléger, nous avions dû les laisser à Paris. Mais l'étonnante ardeur des troupes a suppléé à tout ; nous avons combattu trois heures pour conserver nos positions, et cinq heures pour enlever celles de l'ennemi où nous couchons. Voilà le bilan de cette dure et belle journée. Beaucoup ne reverront pas leurs foyers ; mais ces morts regrettés ont fait à la jeune république de 1870 une page glorieuse dans l'histoire militaire du pays.

Ce n'est pas seulement une page dans l'histoire militaire que ces infortunés martyrs de l'incurie de leurs chefs auront burinée, mais une page immortelle de dévouement patriotique, une page de sublime sacrifice de la vie pour la défense du foyer et l'honneur de la patrie, une page qui sera l'éternelle condamnation de ceux qui ont eu, eux, le triste courage de signer une capitulation et une paix fatales.

On reçoit des nouvelles de la province ; elles sont bonnes, et viennent augmenter l'espoir de la délivrance.

Le 3, des rapports militaires adressés par le général Schmitz, annoncent que la journée a commencé par une série d'attaques d'avant-postes; ils se terminent par cette phrase qui jette la stupéfaction dans Paris:

« L'armée du général Ducrot bivouaque, cette nuit, » dans le bois de Vincennes; elle a repassé la Marne » dans la journée, et elle a été concentrée sur ce point » pour donner suite aux opérations. »

La population, en sentant cette froide lame d'acier de Schmitz lui labourer les entrailles, jette un cri de détresse et de rage. Comment! Ducrot qui, dans sa proclamation, avait dit en partant qu'il ne reviendrait que « mort ou victorieux, » proclamation qui avait excité dans Paris le plus vif enthousiasme, Ducrot a repassé la Marne! Pourquoi abandonne-t-il des positions payées du plus pur de notre sang?

Les plus modérés cherchent à calmer l'irritation; ils affirment, ce qu'ils ne croient pas eux-mêmes : que ce n'est qu'une manœuvre, une concentration de troupes pour écraser l'ennemi sur un point, et forcer ses lignes, etc. On ne répond pas. Ce silence est éloquent!

Le 4, le général Ducrot lui-même sent le besoin d'expliquer son mouvement dans un ordre du jour. Il affirme « que la lutte n'est suspendue que pour un instant. » Le même

jour, le général Schmitz, dans un rapport, explique à la population de Paris consternée, que « l'armée, réunie en ce moment, à l'abri
» de toute atteinte, puise de nouvelles forces
» dans un court repos qu'elle était en droit
» d'attendre de ses chefs après de si rudes
» combats ! »

Est-ce assez réussi ? Voilà une armée pleine d'ardeur, victorieuse, qu'on met précieusement dans une boîte de coton, *à l'abri de toute atteinte !* Si vous aviez besoin de repos, Messieurs des grosses épaulettes, si vous étiez fatigués, que ne vous retiriez-vous vous-mêmes à l'abri, hors de danger ? Aussi bien, le pays était déjà depuis longtemps fatigué de vous, et votre retraite en ce temps eût épargné bien des existences sacrifiées inutilement ; tout au moins le pays n'aurait pas subi les conséquences de votre ineptie et de vos.... hésitations.

Votre armée, dites-vous, avait besoin de repos après de si rudes combats ; qu'en saviez-vous ? L'aviez-vous consultée ? Vous vous en êtes bien gardés, car elle demandait à grands cris à marcher en avant ; elle savait, elle, que la population souffrait du froid et de la faim, que les

Prussiens, qui ne se reposent pas, eux, resserraient de jour en jour la vis du collier qui nous étranglait, et reprenaient Orléans.... Aussi, cette brave armée n'était-elle pas contente ; elle enterrait ses chers morts, rongeait son frein en silence, et comprimait ses impatiences.

A ce moment, une panique se produit relativement au pain ; le bruit court qu'il va être rationné ; on se précipite chez les boulangers, en un clin d'œil le pain disparaît ; les derniers arrivés, furieux d'en être dépourvus, menacent les boulangers qui n'en peuvent mais ; cet événement imprévu va dégénérer en catastrophe ; le Gouvernement, prévenu, fait de suite afficher une proclamation dans laquelle il affirme « que la consommation du pain ne sera pas « rationnée. » La population se rassure, et le calme se rétablit. Cette promesse consolante devait, hélas ! disparaître à la suite des événements que nul n'aurait pu prévoir.

M. Cresson, préfet de police, suivant les errements républicains de ses prédécesseurs, en matière de police, adresse au ministre de l'Intérieur, la lettre suivante :

Paris, 11 décembre 1870.

Monsieur et cher Ministre,

Lorsque je suis entré à la Préfecture de police, le 3 novembre dernier, la caisse des fonds secrets avait une avance de 1680 francs 55 centimes.

J'ai eu la satisfaction d'élever ce chiffre de telle façon que je puis disposer, dès à présent, d'une somme de 30,000 francs, sans gêner les services actuels.

Si la meilleure police est, comme nous le pensons tous, celle de la charité, il faut la faire.

Je vous demande donc l'autorisation, dans les douloureuses circonstances que nous traversons, d'employer en secours les fonds secrets de la République.

La somme de 30,000 francs serait partagée, si vous consentez, entre les œuvres charitables des vingt arrondissements de Paris et de la banlieue.

Veuillez agréer, etc.

CRESSON.

C'est ainsi qu'en usaient *alors* les préfets de police de la République. Qui le croira ? il y eut des journaux de l'époque assez privés de raison et de sentiment pour plaisanter un acte qui, à lui seul, suffirait pour honorer un préfet de police. Tous les honnêtes gens applaudirent à la bonne action de M. Cresson, et approuvèrent cet acte d'habile administration. Quant à ces journaux qui devaient plus tard vider leur sac d'infamies, sans vergogne et à la vue de tout le monde, le mépris public en fit justice.

Le ministre de l'Intérieur remercia le préfet, au nom de la ville de Paris, et ajouta ces simples et justes paroles : « Vous avez raison : le » meilleur emploi des fonds secrets est de » prévenir le mal, et de tous les maux la mi- « sère est le plus grand! » L'honorable M. Cresson avait été compris.

Le lendemain de ce jour, je reçus de M. Choppin chef du cabinet, ces deux lignes :

12 décembre 1870.

Monsieur,

Je serais bien aise, quand vous viendrez à la Préfecture, d'avoir avec vous un moment d'entretien.

Agréez l'assurance de mes sentiments bien dévoués.

CHOPPIN,
Chef du cabinet.

La forme inusitée de cette communication, que je ne pouvais considérer comme officielle, me frappa tout d'abord, et mit mon esprit à la torture jusqu'au moment où le mot de cette énigme me fut connu.

Je m'empressai de me rendre à cette invitation, et dès les premiers mots, je m'aperçus que j'avais deviné juste, qu'il s'agissait en effet d'une affaire personnelle. Après quelques circonlocutions, le chef du cabinet me dit tout à coup, brusquement, et comme un homme qui se hâte de se débarrasser d'une situation difficile : — Vous connaissez le prince de Wittgenstein, représentant militaire de la Russie à Paris, et attaché à l'ambassade ? — Parfaitement ; j'ai eu l'honneur de faire son éducation ; il a vécu huit ou dix ans au sein de ma famille. — Quelles sont vos opinions sur son compte ? (cela tournait à un interrogatoire pur et simple). — A quel point de vue, politiquement ou comme homme privé ? — Aux deux points de vue. — Politiquement, je crois et espère qu'il a conservé les idées libérales que je me suis efforcé de lui inculquer, tout en observant les convenances qu'exige la haute position qu'il occupe dans la société. — Il est d'origine prussienne ? — Oui ; mais comme son grand-père, le maréchal Wittgenstein, et son père, il est entré tout jeune au service de la Russie. Prenant alors les devants : — M. le Chef du cabinet, lui dis-je, je sais qu'il a été beaucoup question ces jours-ci du Prince, mon élève, dans les ministères et dans les journaux. Le Prince a demandé à sortir de Paris et à emmener quatre chevaux auxquels il tient beaucoup comme amateur, et non au point de vue de leur valeur, permission qui lui a été gracieusement accordée. Il va passer dans le camp prussien ; mais malgré les liens d'amitié qui l'unissent au prince royal et à toute la famille de Prusse, je vous garantis qu'il ne sera pas question de Paris et de sa défense.

Le Prince est un homme d'honneur, incapable de trahir personne, encore moins la France et Paris qu'il affectionne, et où il vit presque continuellement.

M. Choppin sourit de la chaleur que j'avais mise, moi, républicain, à défendre un prince, et me dit : — Je m'étais permis de vous adresser une autre question. Quelle est votre opinion sur lui comme homme privé ? — Je croyais qu'il était inutile d'y répondre, car, dans tous les cas, ma réponse n'eût été que favorable, l'ayant toujours considéré comme un de mes enfants. Mais je suis encore plus à mon aise pour vous répondre, Monsieur, car voilà 16 ans que nous avons rompu toute relation. Voyant son étonnement : Inutile, Monsieur, de m'en demander la raison, je l'ignore encore moi-même aujourd'hui.

L'entretien fut brisé là ; M. Choppin me tendit la main, s'excusa sur le salut de la patrie de son immixtion dans mes affaires personnelles, et d'avoir ainsi réveillé mes vieux souvenirs, et je pris congé.

Grande joie dans toute mon administration ; l'ordre du jour suivant, émanant du Préfet, venait enfin récompenser et honorer des services dévoués qui ne s'étaient pas marchandés, et qui n'avaient eu d'autre mobile que le bien public et l'amour de la patrie. Tous avaient fait alors plus que leur devoir, comme ils le firent plus tard, ce qui n'empêcha pas qu'ils furent indignement et injustement révoqués par le Préfet de police de la réaction, M. Valentin, qui, emporté par une aveugle passion, ne consentit jamais à entendre la justification de centaines de malheureux employés qu'il priva de la récompense de longs et loyaux services, et condamna à la plus affreuse misère. Mais n'anticipons pas sur les événements ; justice se fera. Voici l'ordre du jour :

Paris, 12 décembre 1870.

Note pour Monsieur l'Inspecteur général des Halles et Marchés.

Monsieur le ministre de l'Agriculture et du Commerce me fait connaître, par lettre du 9 de ce mois, qu'à l'occasion de la réception, de la constatation de qualité et de livraison des denrées achetées par son Département pour l'approvisionnement de Paris, il a dû faire appel au concours du personnel de l'Inspection générale des Halles et Marchés; que dans toutes ces circonstances, les chefs, employés et agents divers qui ont pris part à ce travail exceptionnel, ont fait preuve de zèle et d'activité, et il me prie de leur en témoigner sa satisfaction en ajoutant qu'il saisira avec empressement l'occasion de récompenser leurs services. En me faisant l'interprète de Monsieur le Ministre du Commerce, je suis heureux d'adresser *mes félicitations personnelles et mes remerciments* (ces mots sont soulignés dans le texte, on verra leur importance), à Monsieur l'Inspecteur général et aux agents et employés sous ses ordres, pour la façon dont ils ont jusqu'à présent rempli la mission que leur avait confiée l'administration supérieure.

Le Préfet de police,
CRESSON.

M. le ministre du Commerce ne s'en tint pas aux félicitations, et de généreuses gratifications ne tardèrent pas à s'y joindre. La Préfecture se piquant d'émulation, étendit de ses propres deniers les gratifications à tout le personnel qui n'avait pas été employé au service de M. le ministre, et qui s'était trouvé surchargé de besogne. Tous ces employés furent d'autant plus étonnés de cette bonne aubaine que ces récompenses n'étaient pas dans les habitudes des anciennes préfectures, au moins pour ceux chargés de la partie administrative et honorable.

Tous avaient bien mérité ces témoignages de satisfaction, car tous avaient fait au-delà de leur devoir pendant cette fatale période.

CHAPITRE X

Les denrées des Halles et Marchés. — La province et Paris. — Le bombardement. — La population parisienne. — L'affiche rouge. — Attitude du gouvernement du 4 septembre. — Le bombardement des Abattoirs et des Marchés. — Protestation du Gouvernement dans le Journal Officiel. — Protestation du Corps diplomatique.

Les difficultés de l'existence grandissent. Les chevaux, ânes, mulets, sont réquisitionnés, rationnés ; les Halles et Marchés prennent un singulier aspect. On y vend de tout ; les réglements qui classaient les denrées en catégories, ne peuvent plus être observés. Les préparations les plus inconnues et les plus hétéroclites font leur apparition. Le service des comestibles, chargé de leur surveillance, est sur les dents; leur vérification ne peut plus se faire que dans des laboratoires, et exige des connaissances chimiques approfondies. Les spéculateurs essaient toutes les fraudes, depuis les râclures de fromage, vendues comme fromage de Brie, jusqu'aux saucisses boursoufflées d'eau et de farine, qui ne laissent au fond de l'ustensile où les cuisinières les préparent, que la mince pellicule qui les enveloppe.

Des maisons considérables, faussant les marchés qu'elles ont conclus avec le ministère du Commerce, vendent en matières premières, à des prix honteux, ce qu'elles ne devaient livrer que fabriqué, font ainsi une ignoble concurrence à d'honnêtes négociants, et réalisent des bénéfices énormes et frauduleux.

Si l'industrie en effervescence produit des aliments sans nom, en revanche elle vient souvent en aide à une population aux abois, par les combinaisons les plus ingénieuses. Ainsi, une dame, fort distinguée du reste, passa des marchés importants avec le ministère du Commerce pour l'achat des cuirs de bœufs qu'elle convertissait en une gelée fort appétissante, d'un goût excellent et très-nutritive. Cette « galantine, » c'est ainsi qu'on la nommait, aida à vivre pendant longtemps plus de 50 mille individus; ajoutons à l'éloge de cette personne qu'elle eut le courage de présider elle-même à cette fabrication, et d'encourager par sa présence au milieu des vapeurs nauséabondes et d'une dangereuse humidité, une nuée de travailleurs dont elle était la bienfaitrice; enfin, chose encore plus rare à cette époque, cette dame, excellente patriote, se contentait d'un très-léger bénéfice : il est même à craindre qu'elle n'ait subi des pertes sensibles.

Le beurre frais manquait depuis longtemps. Alors apparurent sur le marché des amas de matières hétérogènes qui, sous le titre de graisse de bœuf, de saindoux, de beurre de cacao, avaient la prétention de le remplacer dans la préparation de nos aliments. Un *honnête* industriel qui possédait sans doute un vieux fond de parfumerie, n'eut-il pas un jour l'idée de vendre, *horresco referens*, sa vieille pommade parfumée en guise de beurre, et cela encore à un prix révoltant? Cet ingénieux spéculateur vit sa marchandise saisie et jetée aux égouts comme insalubre.

Les boudins, les andouilles, les pâtés, fabriqués avec les produits de la triperie, s'étalaient sans vergogne là où on avait vu quelques mois auparavant la fraîche marée, les poulardes de la Bresse, le lièvre de nos plaines, nourri de thym et de serpolet. On détournait la tête avec horreur de ces produits, et pourtant on les achetait et..... on les mangeait! Maudits Prussiens!

A l'époque où nous sommes arrivés, 16 décembre, le Gouvernement eût dû rationner le pain ; il eût ainsi évité ces paniques qui, de de temps en temps, jetaient l'émotion dans la population, et menaçaient de dégénérer en émeutes. On craignit, dit-on, de jeter l'épouvante dans Paris. Non ; tout le monde savait, et s'en plaignait, que le pain était indignement gaspillé dans maintes familles, aux remparts, aux avant-postes, etc. On raconte même que dans une localité sise sur la Marne, et que je ne nommerai pas, par pudeur pour les habitants qui ont lâchement laissé faire, tous les matins un homme venait tranquillement en bateau faire un approvisionnement de pain qu'il vendait aux Prussiens ! et nous allions en manquer.....

A partir de cette époque, mon insistance auprès de M. le ministre du Commerce pour qu'il distribuât à nos pauvres ménagères quelque parcelle de ce beurre, de ces œufs, de ce fromage, etc., qui s'avariaient dans les caves, jeta quelque froideur dans nos relations. Il me semblait qu'on pouvait un peu se détendre de cette rigueur, nécessaire dans les commencements. Le siége ne pouvait pas durer éternellement ; quelques œufs, quelques grammes d'excellent beurre, un peu d'oseille conservée, auraient, me semblait-il, soulagé les estomacs infectés de salaisons et de nourriture immonde. Mes observations à ce sujet, ne furent pas du goût de M. le ministre. J'y renonçai pour ne pas aggraver sa résistance.

Les nouvelles de la province, transmises par Gambetta, sont bonnes et réjouissent le cœur attristé de ces pauvres Parisiens qui comparent involontairement l'activité, le zèle, le patriotisme de Gambetta, qui lui font accomplir des prodiges, avec l'inertie, l'apathie, la somnolence du général Trochu qui cache son fameux plan comme un jaloux qui dissimule à tous les regards l'objet de sa flamme.

Toute cette période se termine en attaques partielles, suivies constamment de retraites plus ou moins désastreuses, en brillants faits d'armes, et en pertes sensibles à tous ; car ce sont nos frères, nos pères, nos fils, nos amis qui meurent là, à quelques pas de nous, pour la sainte cause de la patrie.

Le froid est horrible : plus de charbon, plus de bois ; les souffrances s'aggravent. On est obligé d'acheter au poids de l'or des bois de chêne travaillés, de faire démolir un hangar nouvellement construit pour chauffer les bureaux de l'Inspection générale, et encore se trouve-t-on favorisés.

Le 28 décembre, les Prussiens violent ce qu'on a appelé les lois de la guerre. Sans avertissement, sans sommation, ils commencent à bombarder la capitale du monde civilisé. Ce crime inqualifiable restera attaché à leur histoire, comme une honte éternelle. Quelques jours encore, et les canons Krupp vont soutenir leur triste célébrité contre des femmes, des enfants, des vieillards inoffensifs ; le roi Guillaume inaugurera les *expériences psychologiques* en matière de guerre.

Le 5 commence le bombardement effectif de la capitale ; le Gouvernement lance une proclamation belliqueuse qui se termine par ces mots :

La population de Paris accepte vaillamment cette nouvelle épreuve. L'ennemi croit l'intimider : il ne fera que rendre son élan plus vigoureux. Elle se montrera digne de l'armée de la Loire qui a fait reculer l'ennemi, de l'armée du Nord, qui marche à notre secours. Vive la France ! Vive la République !

Le général Trochu semble lui-même se réveiller de sa léthargie. Il fait afficher sur tous les murs de Paris la proclamation suivante :

Aux citoyens de Paris,
Au moment où l'ennemi redouble ses efforts d'intimidation, on cherche à égarer les citoyens de Paris par la tromperie et la calomnie. On exploite contre la défense nos souffrances et nos sacrifices.

Rien ne fera tomber les armes de nos mains.

Courage, confiance, patriotisme.

Le gouverneur de Paris ne capitulera pas.
6 janvier 1871.

Le Gouverneur de Paris,
Général TROCHU.

Le gouverneur de Paris ne capitulera pas ! On verra plus loin par quelle escobarderie le *gouverneur de Paris* ne capitula pas en effet....

Des mots, des phrases, quand il eut fallu agir, quand les obus écrasaient la population, frappaient jusqu'à de pauvres femmes qui faisaient intrépidement « la queue » devant la porte des bouchers et des boulangers pour rapporter à leur famille la maigre portion du jour.

On ne pourra jamais assez louer cette admirable population de Paris, depuis si abominablement calomniée, maltraitée. Alors déjà, il semblait qu'elle avait épuisé la coupe des amertumes, supporté tout ce qu'il était humainement possible de supporter : la maladie, la faim, le froid, la mort, et tout cela avec courage, sans une plainte, avec un calme qui feront l'admiration de la postérité, plus juste à son égard que les contemporains ; mais il n'en était rien, la coupe n'était pas épuisée, il lui fallut vider son calice jusqu'au dernier atome ; aux malheurs connus vinrent se joindre les malheurs inconnus, inouïs, pour ainsi dire au-dessus des forces et du courage humains. Malheureux et nobles habitants de Paris, qui pourra jamais vous faire oublier tant de maux !

Il règne dans tous les quartiers une effervescence extraordinaire. Les partisans de la Commune jettent feu et flammes, accusent le Gouvernement de lâcheté et de trahison, et couvrent les murs de Paris d'une grande affiche rouge que les partisans de l'ordre et du gouvernement lacèrent et foulent aux pieds.

Au peuple de Paris,
Les délégués des vingt arrondissements de Paris.

Le gouvernement qui, le 4 septembre, s'est chargé de la défense nationale, a-t-il rempli sa mission ? Non. Nous sommes 500,000 combattants, et 200,000 Prussiens nous étreignent ! A qui la responsabilité, sinon à ceux qui nous gouvernent ? Ils n'ont pensé qu'à négocier, au lieu de fondre des canons et de fabriquer des armes.

Ils se sont refusés à la levée en masse.

Ils ont laissé en place les bonapartistes et mis en prison les républicains.

Ils ne se sont décidés à agir enfin contre les Prussiens qu'après deux mois, au lendemain du 31 octobre. Par leur lenteur, leur indécision, leur inertie, ils nous ont conduits jusqu'au bord de l'abîme ; ils n'ont su ni administrer ni combattre, alors qu'ils avaient sous la main toutes les ressources, les denrées et les hommes.

Ils n'ont pas su comprendre que, dans une ville assiégée, tout ce qui soutient la lutte pour sauver la patrie possède un droit égal à recevoir d'elle la subsistance; ils n'ont su rien prévoir; là où pouvait exister l'abondance, ils ont fait la misère. On meurt de froid, déjà presque de faim ; les femmes souffrent, les enfants languissent et succombent.

La direction militaire est plus déplorable encore ; sorties sans but, luttes meurtrières sans résultat, insuccès répétés qui pouvaient décourager les plus braves, Paris bombardé. Le Gouvernement a donné sa mesure. Il nous tue.

Le salut de Paris exige une décision rapide. Le Gouvernement ne répond que par la menace aux reproches de l'opinion. Il déclare qu'il maintiendra l'*ordre*, comme Bonaparte avant Sedan.

Si les hommes de l'Hôtel-de-Ville ont encore quelque patriotisme, leur devoir est de se retirer, de laisser le peuple de Paris prendre lui-même le soin de sa délivrance. La municipalité ou la Commune, de quelque nom qu'on l'appelle, est l'unique salut du peuple, son seul recours contre la mort.

Toute adjonction ou immixtion au pouvoir actuel, ne serait rien qu'un replâtrage perpétuant les mêmes errements, les mêmes désastres.

Or, la perpétuation de ce régime, c'est la capitulation, et Metz et Rouen nous apprennent que la capitulation n'est pas seulement, encore et toujours, la famine, mais la ruine de tous, la ruine et la honte.

C'est l'armée et la garde nationale transportées prisonnières en Allemagne, et défilant dans les villes sous les insultes de l'étranger ; le commerce détruit, l'industrie morte, les contributions de guerre écrasant Paris: voilà ce que nous prépare l'impéritie ou la trahison.

Le grand peuple de 89 qui détruit les Bastilles et renverse les trônes, attendra-t-il, dans un désespoir inerte, que le froid et la faim aient glacé dans son cœur dont l'ennemi compte les battements, sa dernière goutte de sang?..... Non.

La population de Paris ne voudra jamais accepter ces misères et cette honte. Elle sait qu'il en est temps encore, que des mesures décisives permettront aux travailleurs de vivre, à tous de combattre.

Réquisitionnement général.

Rationnement gratuit.

Attaque en masse.

La politique, la stratégie, l'administration du 4 septembre, continuées de l'Empire, sont jugées.

Place au peuple! place à la Commune!

Que de réflexions n'inspire pas cette proclamation, révolutionnaire sans doute, qui pouvait tout compromettre et ouvrir les portes à l'ennemi par l'anarchie, mais qui contenait de dures vérités pour le Gouvernement et l'administration militaire.

Si le gouvernement du 4 septembre avait été plus habile, il n'eût pas été contraint de subir les services de l'organisation bonapartiste, qu'il dut accepter dans toute son intégrité, et qui le conduisit à sa perte. Aujourd'hui qu'il est sur la sellette, il doit regretter amèrement de n'avoir pas suivi les conseils qui lui furent donnés en temps opportun par les vrais républicains. Il doit regretter non-seulement son aveuglement, mais encore sa trahison vis-à-vis des sincères patriotes, qu'il chercha toujours à éloigner des affaires par jalousie mesquine, vanité ridicule, et égoïsme déplorable.

Entre les créatures de l'Empire et les sectaires de la Commune, il y avait un groupe de vrais et sincères patriotes, hommes capables, connus et aimés du public, qui eussent peut-être alors sauvé la France ; mais le gouvernement du 4 septembre n'eut d'autre préoccupation que d'éloigner ce groupe, de l'annihiler, de le décourager. Il alla même dans sa sotte frayeur de ces bons citoyens, jusqu'à les persécuter, et leur préféra la bande bonapartiste qui le précipita dans le gouffre où son honneur lui-même est aujourd'hui sur le point de sombrer.

Le malaise augmente, des agitateurs oubliant les malheurs de la patrie, se livrent dans les rues à des manifestations qui doivent combler les vues de Guillaume, lequel compte beaucoup sur l'effet *moral* de ses projectiles Krupp. Ces manifestations inquiètent et entravent le Gouvernement de la défense nationale qui, de son côté, fait fautes sur fautes. Les bons patriotes gémissent en silence sur les erreurs des uns et des autres. En attendant, le bombardement fait rage au milieu de cette population inoffensive qui, évidemment, lui sert d'objectif, de point de mire ; ses souffrances ne connaissent plus de bornes ; ceux qui couchaient dans les somptueux et chauds appartements des palais impériaux, les ont sans doute ignorées, car ils eussent rendu plus souvent justice à cette admirable population, ils eussent été pour elle plus indulgents, plus miséricordieux. Appelé par mes fonctions sur tous les points de Paris où existaient des marchés, j'ai été témoin des souffrances inimaginables de tout ce pauvre monde, de son courage, de sa résignation, de son patriotisme ; la justice est souvent sourde et aveugle ; dût-on cent fois se répéter, il est bon de faire retentir à tous les échos la voix de la vérité, et de faire connaître aux générations futures l'héroïsme de leurs pères au milieu d'une catastrophe sans pareille dans l'histoire. L'oubli des grandes choses, des nobles actions est la lèpre de notre époque ; aux honnêtes gens de réparer cette lacune dans notre vie sociale. Des femmes, des mères, qui avaient leurs maris et leurs fils qui se faisaient bravement tuer sur les champs de bataille, allaient jusque sous le feu de l'ennemi attendre, pendant des heures entières, la maigre pitance de leurs petits enfants restés seuls au logis ; quelques-unes, hélas ! ne rentrèrent pas, et la charité publique dut avoir soin des pauvres orphelins.

Les projectiles semblaient s'abattre de préférence sur les établissements de première nécessité ; c'est ainsi que les Abattoirs et Marchés de Villejuif, Grenelle, les Fourneaux, Place d'Italie, Montrouge, etc., furent écrasés de bombes ; disons à l'éloge des employés de ces établissements, qu'ils restèrent courageusement à leurs postes, et continuèrent imperturbablement leurs services au milieu d'une véritable grêle de projectiles ; il n'y eut guère qu'une seule exception, et, certes, elle est presque excusable. L'ennemi semblait informé que l'Abattoir de Villejuif renfermait une grande quantité de poudre ; il devint son objectif, et quelques malheureux employés du ministère du Commerce, menacés à chaque instant de sauter, finirent par céder aux conseils de la prudence, et se retirèrent, abandonnant la recette (environ 50 mille francs) que les employés de l'Inspection générale recueillirent bravement et déposèrent à la Préfecture où le ministre du Commerce la fit réclamer.

Le marché d'Italie fut le théâtre d'un incident presque burlesque ; le Maire du deuxième arrondissement, prévenu qu'il était plus que temps de retirer un stock de pommes de terre qui lui était destiné, envoie un chariot attelé d'un cheval ; on descend dans les caves pour enlever les précieux tubercules, mais quelle stupéfaction en remontant! le cheval avait disparu, enlevé par un obus. L'inspecteur veut entrer dans son bureau pour faire les constatations légales, le bureau n'existe plus : il a été défoncé par les projectiles ; force fut de battre en retraite, et de fermer le Marché. Tous les jours, les cochers me donnaient la comédie ; leur frayeur était incroyable quand je leur ordonnais de me transporter sur les lieux menacés ; quelques-uns refusaient tout net, d'autres se laissaient séduire par l'appât du gain, mais s'arrêtaient tout court à chaque éclat d'obus ; il fallait recommencer les mêmes cérémonies oratoires et financières, ce qui ne laissait pas de devenir fort ennuyeux et très-onéreux.

Pendant vingt-cinq jours et vingt-cinq nuits, les Prussiens écrasèrent d'obus les quartiers de la rive gauche, tuèrent des centaines de femmes et d'enfants, défoncèrent les maisons, et ruinèrent des milliers de famille. Pendant vingt-cinq jours et vingt-cinq nuits, cette héroïque population supporta sans panique, sans abattement, cet abominable crime de lèse-humanité. Pas un instant elle ne connut la peur, et si quelques-uns descendirent dans leurs caves, ce fut uniquement pour pouvoir y manger et y dormir plus en paix.

Je dis que c'était un crime contre l'humanité, parce que d'abord les Prussiens n'avaient pas mis les défenseurs de Paris en demeure de se rendre, (ils savaient bien qu'ils ne le feraient pas).

Secondement, parce qu'ils dirigèrent leurs projectiles volontairement, sciemment sur les habitants inoffensifs, non sur des ouvrages militaires, mais sur des maisons et surtout sur les établissements hospitaliers où périrent nombre de malades, de blessés, etc.

Le Gouvernement fit constater ces faits par le *Journal officiel*:

Après un investissement de plus de trois mois, l'ennemi a commencé le bombardement de nos forts le 30 décembre, et, six jours après, celui de la ville Une pluie de projectiles, dont quelques-uns pesant quatre-vingt-quatorze kilogrammes, apparaissant pour la première fois dans l'histoire des siéges, a été lancée sur la partie de Paris qui s'étend depuis les Invalides jusqu'au Muséum.

Le feu a continué nuit et jour sans interruption, avec une telle violence que, dans la nuit du 8 au 9 janvier, la partie de la ville située entre Saint-Sulpice et l'Odéon, recevait un obus par chaque intervalle de deux minutes.

Tout a été atteint : nos hôpitaux regorgent de blessés, nos ambulances, nos écoles, les musées et les bibliothèques, les prisons, l'église de Saint-Sulpice, celles de la Sorbonne et du Val-de-Grâce, un certain nombre de maisons particulières. Des femmes ont été tuées dans la rue, d'autres dans leur lit; des enfants ont été saisis par des boulets dans les bras de leur mère. Une école de la rue de Vaugirard a eu quatre enfants tués et cinq blessés par un seul projectile. Le musée du Luxembourg, qui contient les chefs-d'œuvre de l'art moderne, et le jardin où se trouvait une ambulance qu'il a fallu évacuer à la hâte, ont reçu vingt obus dans l'espace de quelques heures. Les fameuses serres du Muséum, qui n'avaient point de rivales dans le monde, sont détruites. Au Val-de-Grâce, pendant la nuit, deux blessés, dont un garde national, ont été tués dans leur lit. Cet hôpital, reconnaissable à une distance de plusieurs lieues par son dôme que tout le monde connaît, porte les traces du bombardement dans ses cours, dans ses salles de malades, dans son église dont la corniche a été enlevée.

Aucun avertissement n'a précédé cette furieuse attaque. Paris s'est trouvé tout-à-coup transformé en champ de bataille, et nous déclarons avec orgueil que les femmes s'y sont montrées aussi intrépides que les citoyens. Tout le monde a été envahi par la colère, mais personne n'a senti la peur.

Tels sont les actes de l'armée prussienne et de son roi, présent au milieu d'elle.

Le Gouvernement les constate pour la France, pour l'Europe et pour l'histoire.

Ce terrible réquisitoire cloue à jamais la Prusse et son souverain au pilori de l'humanité et de la civilisation. La population de Paris se couvre de gloire par son héroïque résistance, et son intrépidité sans pareille.

Les représentants du corps diplomatique, présents à Paris, envoient une protestation à M. de Bismark, et demandent que des mesures soient prises pour permettre à leurs nationaux de se mettre à l'abri, eux et leurs propriétés.

CHAPITRE XI

Journée du 19 janvier. — Combats de Buzenval et de Montretout. — Ordre du jour du général Trochu. — Catastrophe de l'Hôtel-de-Ville. — La question alimentaire. — La Préfecture de police et le ministère du Commerce. — Bombardement de Saint-Denis. — Episodes. — Nouvelles de province. — Réquisitions. — M. Jules Favre.

Le 19 janvier, une grande bataille est livrée en avant du Mont-Valérien. L'action s'étend depuis Montretout, à gauche, jusqu'à la Celle-Saint-Cloud, à droite ; plus de cent mille hommes pourvus d'une puissante artillerie, sont aux prises avec l'ennemi.

La garde nationale est au premier rang ; elle

fait des prodiges de valeur, et se couvre de gloire ; mais..... laissons au général Trochu le soin d'annoncer officiellement les résultats de cette journée où tous les soldats firent admirablement leur devoir, et ne durent l'insuccès de leurs glorieux efforts qu'à l'incapacité de leurs chefs. Aussi bien, ce sera le châtiment de ce malencontreux général.

9 h. 50 soir.

Notre journée, heureusement commencée, n'a pas eu l'issue que nous pouvions espérer. L'ennemi que nous avions surpris le matin, par la soudaineté de l'entreprise, a, vers la fin du jour, fait converger sur nous des masses d'artillerie énormes, avec ses réserves d'infanterie.

Vers trois heures, la gauche très-vivement attaquée, a fléchi. J'ai dû, après avoir partout ordonné de tenir ferme, me porter à cette gauche, et, à l'entrée de la nuit, un retour offensif des nôtres a pu se prononcer. Mais, la nuit venue, et le feu de l'ennemi continuant avec une extrême violence, nos colonnes ont dû se retirer des hauteurs qu'elles avaient gravies le matin.

Le meilleur esprit n'a cessé d'animer la garde nationale et la troupe, qui ont fait preuve de courage et d'énergie dans cette lutte longue et acharnée.

Je ne puis encore savoir quelles sont nos pertes ; par les prisonniers j'ai appris que celles de l'ennemi ont été fort considérables.

Général Trochu.

Telle est la froide narration de cette brillante affaire, de ces combats de *Buzenval* et de *Montretout* où périrent glorieusement nos amis, où les arts, les sciences, les lettres firent des pertes irréparables. Il se garde bien de nous dire que sur cent mille gardes-nationaux, c'est à peine si trente mille furent mis en ligne, que l'artillerie a manqué à Montretout, que le général Ducrot est arrivé avec deux heures de retard sur le champ de bataille, que..... mais cachons nos misères, nos douleurs sous les plis de ce valeureux drapeau que nos amis tinrent si haut et si ferme en face de l'ennemi. Paris méritait mieux que ces chefs incapables.

Le 22 janvier, le gouvernement de la Défense nationale décide que le commandement en chef de l'armée de Paris serait désormais séparé de la présidence du Gouvernement. Le général Vinoy est nommé commandant en chef de l'armée de Paris. Le titre et les fonctions de gouverneur de Paris sont supprimés. Le général Trochu conserve la présidence du Gouvernement.

Impossible de décrire l'impression que fit sur Paris cette nouvelle organisation. La parole du général Trochu : « le gouverneur de Paris ne capitulera pas » revient à tous les esprits. Serait-ce une sinistre plaisanterie? Oserait-on ainsi jouer sur les mots? Comme président du Gouvernement, il conserve tous les pouvoirs. Et ce général Vinoy? qu'a-t-il donc fait pour inspirer tant de confiance en ses capacités militaires? Quels sont ses précédents? Une profonde irritation se glisse dans tous les cœurs. Quelques gardes-nationaux délivrent de prison le major Flourens ; que va-t-il se passer?

Un bataillon de gardes-nationaux en armes, tambours en tête, marche sur l'Hôtel-de-Ville au cri de : « Vive la Commune ! » un ou deux délégués pénètrent à l'intérieur ; ils sont entendus ; tout va se passer pacifiquement, on respire. Tout à coup, un coup de feu part, et un officier de mobiles tombe expirant. Les mobiles ripostent de l'intérieur ; le feu s'engage, une trentaine de personnes tombent baignées dans leur sang. Une douleur de plus s'est jointe à tant de douleurs ; Paris n'en est déjà plus à les compter !

A la suite de cette catastrophe, le Gouvernement supprime les clubs jusqu'à la fin du siége ; il supprime encore les journaux le

Réveil et le *Combat* qu'il accuse d'excitations quotidiennes à la guerre civile.

Ce qu'il eût importé de supprimer surtout, c'étaient les généraux et les administrateurs incapables, c'étaient ces parasites, ces intrigants, ces spéculateurs avides qui encombraient les antichambres des ministères, c'était toute cette horde de rongeurs qui, sous tous les régimes, s'abattent sur le pays, le dissèquent, et ne lui laissent que les os.

Avec la nomination du général Vinoy reparurent les vieux clichés : « le parti du désordre s'agite, — le concours des bons citoyens, etc. »

Le parti du désordre, c'était celui des hommes qui comprimaient l'élan national et faisaient échouer dans une mer de sang les plus nobles efforts. Le parti du désordre, c'était celui des hommes qui, par leur inepte administration, faisaient mourir le peuple de faim et de froid ; c'était celui enfin qui ne trouvait de force et d'énergie que pour sévir contre quelques misérables sans valeur et sans portée, oubliant d'honorer, de récompenser, d'encourager les actes du plus pur patriotisme.

Il était pour le moins inutile alors d'établir

des catégories de bons et de mauvais citoyens. Tous étaient bons, et si parfois quelques-uns, égarés par la faim et des souffrances de toute nature, oubliaient un instant leurs devoirs de citoyens, point n'était besoin d'en faire une classe à part ; quelques bonnes paroles, quelque mince secours les eussent bientôt ramenés au sentiment de leurs obligations sociales, de leur dignité, et les eussent fait rentrer dans les rangs de leurs honorables concitoyens.

L'emploi incessant de la rigueur est aussi fatal en éducation publique, qu'en éducation privée.

Le Gouvernement se préoccupe vivement de l'alimentation ; nous voilà arrivés au 24 janvier ; la situation est devenue intolérable par suite des fautes premières : le ministère du Commerce en perd la tête, L'administration de la Préfecture fait des efforts prodigieux pour le seconder. De jour, de nuit, ses employés sont debout et à l'œuvre ; leur zèle loin de se ralentir redouble d'ardeur ; il s'agit de rechercher dans Paris, dans la banlieue, partout, les détenteurs de grains et de farines pour les amener à la Halle aux blés où une caisse a été établie par le Ministère du Commerce; on paie ces denrées le prix le plus élevé et comptant, en espèces. On verra dans les notes ci-dessous l'importance que le Gouvernement attachait à ces services, ainsi que l'exactitude et l'activité qu'il fallait y déployer.

Paris, le 24 janvier 1871, 2 h. du matin.

Monsieur,

Un service public de la plus haute importance m'impose de vous convoquer spécialement ce matin, à l'effet d'exécuter le contrôle du travail considérable pour lequel vous m'avez donné un si utile concours, (boulangerie). Je n'ai pas besoin de faire appel à votre patriotisme, et je compte sur votre exactitude.

Agréez, etc.

Le Préfet de police,
Pour le Préfet et par son ordre :
Le Chef du Secrétariat particulier,
Gautier de NOYELLE.

4 heures du matin.

Monsieur l'Inspecteur général,

Monsieur le Préfet vient d'ordonner un nouveau recensement immédiat des farines, et il convoque, par ordre du Gouvernement, *pour ce matin 10 heures*, les délégués qui ont exécuté une première fois ce travail. M. Baube, chef de la 2ᵉ division, que je viens de voir à ce sujet, m'a renvoyé à M. Mathieu, chef du 1ᵉʳ bureau, et j'ai pu obtenir de ce dernier la liste des délégués dont il s'agit.

Les lettres de convocation terminées, j'ai pu trouver aux dépêches l'adresse de ceux qui font partie des services du combustible et des poids et mesures.

Mais en ce qui concerne les Marchés, vous seul, Monsieur, pouvez me fournir les adresses des personnes auxquelles doivent être remises *ce matin vers 6 heures,* les lettres qui les mandent chez M. le Préfet. Je vous envoie, en conséquence, un porteur des dépêches avec les lettres préparées, et je viens vous prier de compléter la suscription en mentionnant l'adresse de chacun. Elles me seront ensuite rapportées, et je les donnerai immédiatement aux hommes de la permanence qui iront les distribuer sans retard. Je vous demande pardon de ce dérangement ; mais, vous le voyez, votre participation est indispensable, et Monsieur le Préfet attache une telle importance à l'exécution de ce travail, qui a une gravité exceptionnelle, que j'ai dû recourir à votre obligeance, et que je vous prie instamment de me mettre à même de faire parvenir toutes ces lettres à la première heure. Enfin, pour tout prévoir, comme certains employés peuvent être absents de leur domicile ou empêchés, M. Baube m'a dit de vous prier d'amener une dizaine d'employés supplémentaires. Il est bien entendu que M. le Préfet *compte aussi sur votre présence, afin que ce travail reçoive une direction intelligente et rapide.*

Veuillez, etc.

Gautier de Noyelle.

P. S. — M. Baube (détail important) vous prie de vous munir, en venant, du renseignement suivant: « Quantité exacte des grains et farines actuellement à la Halle. »

Ces services commandés au milieu de la nuit par un froid intense, ne laissaient pas de présenter beaucoup de difficultés et étaient fort pénibles. Il fallait aller prévenir tout le monde, aux quatre points cardinaux de Paris ; parfois quelques-uns étaient malades, d'autres, aux remparts ou commandés pour le jour même; d'autres enfin n'avaient pas les aptitudes nécessaires, car il fallait pour remplir ces missions, de la finesse, du tact, un esprit tout à la fois ferme et conciliant ; on avait affaire à des spéculateurs enragés, sans cœur comme sans patriotisme, que les souffrances de leurs concitoyens ne touchaient en aucune façon, et qui, pour cacher les approvisionnements, objets de leurs honteuses spéculations, auraient trompé Dieu et diable.

Ces expéditions n'étaient pas non plus sans péril : témoin ce qui arriva ce jour-là même à deux de nos plus braves et intelligents employés qu'on dirigea sur Saint-Denis. Dans la nuit, plus de cent vingt obus étaient tombés sur cette ville, dans l'espace d'une heure. Les abords de la cathédrale qui semblait être le point de mire des batteries prussiennes, furent criblés de projectiles. La prison, en partie démolie, dut être évacuée, un grand nombre de maisons effondrées, d'habitants tués ou blessés. Mes deux chefs de service n'en remplirent pas moins leur périlleuse mission, et c'est avec une vive satisfaction que je les vis rentrer le soir, leur besogne accomplie, mais dans l'état le plus piteux. Cent fois ils avaient dû se jeter à plat-ventre dans les rues de Saint-Denis, pour éviter les éclats d'obus, et avaient couru les plus grands dangers. Mais Paris vivait tant bien que mal, sans se douter des efforts surhumains que faisaient chefs et employés pour prolonger son existence et sa défense.

Les nouvelles les plus sinistres circulent sur la situation de nos provinces, et remplissent de tristesse le cœur des habitants de la capitale, sans pourtant le faire faiblir. Si l'on en croit le *Moniteur officiel de Versailles*, autrement dit de M. de Bismark, Bourbaki ne serait pas parvenu à débloquer Belfort et pourrait à peine tenir la défensive. Chanzy aurait été battu et, occupé à réparer ses pertes, serait pour longtemps dans l'impuissance de reprendre l'offensive. Faidherbe complétement battu, loin de pouvoir venir à notre secours, aurait assez à faire à se sauver lui-même, etc.

Ces tristes nouvelles, quoique fournies par l'ennemi, par conséquent sujettes à caution, ne laissaient pas de faire quelque impression ; tout au moins jetaient-elles un certain trouble dans les esprits.

Des bruits de capitulation circulent dans l'air de Paris ; les membres du Gouvernement eux-mêmes disent à qui veut les entendre que nous n'avons de vivres tout au plus que pour *quinze* jours ; ces propos jettent le découragement, car chacun sent que l'approvisionnement est devenu le point capital de la défense ; en effet plus celle-ci pourra se prolonger, plus la position de l'ennemi décimé par le feu et la maladie, s'aggravera, et plus aussi nous avons de chance d'être secourus par la province, et de voir les prodigieux efforts de Gambetta couronnés de succès.

Les bureaux de l'Inspection générale sont encombrés de gens anxieux qui se réunissent là comme au centre de l'approvisionnement. On vient des Ministères, de la Place, de l'Intendance militaire ; on désire connaître le stock des denrées existant, afin de pouvoir apprécier les dernières ressources de la résistance et jusques à quelles extrêmes limites elle peut se prolonger ; la plus grande réserve est commandée à tous les employés, car chaque parole est colportée dans Paris, et acquiert une importance capitale ; il n'est donné de renseignements positifs qu'aux personnes dûment autorisées, et munies de pleins-pouvoirs des ministres.

Ce fut à ce moment que je déclarai qu'en dépit des affirmations de Messieurs les ministres, et spécialement de M. Jules Favre, Paris pouvait vivre encore six semaines, peut-être même deux mois, et que je m'engageai sur ma tête à prolonger la défense pendant toute cette période. J'étais autorisé à formuler cette affirmation si grave, par les renseignements nombreux que je possédais sur l'énorme quantité de vivres dissimulés par la spéculation, et par ce qui restait du stock de l'Etat.

Le lendemain de l'armistice justifia mes prévisions. Ce jour-là, les denrées qui avaient totalément disparu, se montrèrent à profusion sur les marchés et aux étalages des marchands de comestibles, et les prix s'abaissèrent avec la rapidité qu'ils avaient mise à s'élever ; en outre, il n'y a pas bien longtemps qu'on vendait encore des denrées ayant appartenu à l'approvisionnement de l'Etat.

Le Gouvernement n'ignorait pas ces faits ; un parent de M. Jules Favre, muni de ses pleins-pouvoirs, vint me trouver pour s'assurer du stock de farine et de grains ; je le lui fournis et l'entretins en même temps de la possibilité d'en augmenter considérablement l'importance par certaines mesures à prendre. Il m'affirma qu'il lui avait déjà fait ces observations, mais que M. Jules Favre lui avait nettement déclaré « que sa conscience ne lui permettait pas de prendre les mesures que je lui proposais.... » Je m'indignai, et lui fis observer que la conscience de M. Jules Favre lui permettait bien de laisser vendre trois ou quatre cents francs, des chevaux qui en valaient trois ou quatre mille ; que je comprendrais les scrupules de M. Favre s'il s'agissait d'enlever à des particuliers leur approvisionnement privé, ou même de faire tort à d'indignes spéculateurs, en leur prenant sans aucun dommage des denrées qu'ils détenaient et dont ils laissaient perdre une bonne partie, au grand préjudice de toute une population aux abois ; mais qu'il ne s'agissait pas de mesures aussi arbitraires ; qu'on paierait à ces marchands leurs denrées au prix du jour et en espèces sonnantes ; qu'en présence de la famine, rien ne me paraissait moins illégal qu'une pareille décision, que c'était une affaire de salut public, etc., etc. Ce monsieur me répondit qu'il avait présenté toutes ces observations à M. Jules Favre, mais que celui-ci ne voulait pas en entendre parler.

Sur ces entrefaites, le médecin de M. Favre, M. Dumès, vint me trouver accompagné d'un de mes amis, employé au ministère de la Guerre ; ils désiraient que j'eusse une entrevue avec M. Jules Favre pour lever ses derniers scrupules, et m'emmenèrent chez lui presque malgré moi. Il était sorti ; nous courûmes de ministère en ministère sans parvenir à le rejoindre. Je rentrai chez moi harassé et le cœur plein d'amertume. Le lendemain matin, le docteur vint me trouver à mon bureau. Ce digne homme était navré : « Je crains, me dit-il, que la capitulation ne soit insérée demain au *Journal officiel* ! » Persuadé que le temps n'était pas encore venu, je débordai : — Allez, courez, dites à M. Jules Favre qu'il ne fasse pas cela : la population de Paris ne veut pas en entendre parler ; elle a souffert horriblement depuis près de cinq mois, elle entend ne pas perdre le fruit de ces souffrances ; elle fera encore crédit de deux mois de misères au Gouvernement de la défense nationale. Si l'article paraît demain à l'*Officiel*, son désespoir est à craindre, M. Jules Favre peut être pendu dans les douze heures. Le docteur disparut ; eut-il le courage de porter ces paroles à M. Jules Favre, je le crois, car l'avis ne parut pas le lendemain à l'*Officiel*, et qu'en outre, le docteur était trop attaché à M. Jules Favre, trop bon patriote, pour ne pas reporter loyalement et courageusement des paroles qui pouvaient avoir leur importance.

CHAPITRE XII

Entretien avec M. Louis Blanc. — Le pain de Paris, singulière plaisanterie. — Visite à M. Dorian, ministre des Travaux publics. — Une séance des maires de Paris. — Note du 26 janvier au Journal Officiel. — Proclamation du 27. — Les vivres pendant les préliminaires de l'armistice.

Le lendemain des événements qui précèdent, je fis connaissance d'une de nos célébrités politiques, d'une manière assez étrange. Je me rendais à mon bureau quand un monsieur, que je n'avais pas l'honneur de connaître, m'aborda et me demanda de lui fixer un rendez-vous pour me conduire chez un personnage qui désirait avoir un entretien avec moi. Préoccupé des affaires du jour, je lui désignai au hasard le passage des Princes, sans m'arrêter à la singularité de cette démarche. A deux heures (heure fixée), je trouvai mon cicérone au lieu du rendez-vous ; nous traversons les boulevards et arrivons rue Laffitte devant une maison de bonne apparence ; mon guide prend les devants, nous montons trois étages. Au moment de frapper à une porte, je le prie enfin de me dire le nom de la personne chez laquelle j'allais être introduit: — C'est M. Louis Blanc. Je sonnai moi-même, et nous fûmes introduits dans un petit salon où étaient déjà réunies quatre ou cinq personnes qui m'étaient absolument inconnues. Au bout de quelques minutes, M. Louis Blanc entra, vint droit à moi, me serra la main et s'excusa avec une grâce parfaite de m'avoir dérangé d'une manière aussi extraordinaire ; mais, ajouta-t-il.... Je ne le laissai pas achever, je devinai les raisons de ce petit mystère. Après quelques paroles échangées : — Vous avez dit dans votre bureau, devant plusieurs personnes, qu'on pourrait prolonger la défense de Paris au moins de six semaines. J'ai désiré savoir de votre propre bouche si ce propos m'avait été exactement rapporté, et quelles étaient, en ce cas, les raisons qui pourraient corroborer votre affirmation.

Tout en écoutant M. Louis Blanc, que je n'avais jamais vu, je l'examinais attentivement. Je fus très-surpris de lui trouver une figure aussi jeune que celle de ses portraits que j'avais vus près de vingt ans auparavant; sa voix était douce et sonore, ses yeux d'une limpidité parfaite, son regard magnétique, toute sa personne en un mot fort sympathique. Tout le monde attendait ma réponse; elle fut ce qu'elle devait être; j'affirmai de nouveau que je croyais pouvoir trouver dans l'enceinte de Paris de quoi le faire vivre six semaines encore, peut-être même deux mois. Je déduisis longuement les raisons qui me faisaient croire à la possibilité d'un pareil résultat, les preuves que j'avais à l'appui, et j'ajoutai que je me chargerais volontiers de cette vaste opération, mais seulement à une condition: c'est que je recevrais de mes chefs et du Gouvernement les pouvoirs les plus étendus, et que nul n'aurait le droit de m'apporter quelque entrave dans son exécution (1). La discussion s'engagea sur ce que je venais de dire, et je ne tardai pas à prendre congé de Louis Blanc qui me pria de vouloir bien venir chez lui le lendemain à la même heure. Je retournai à la Halle aux blés, où je trouvai les corridors et les escaliers encombrés de gens, en partie cultivateurs, qui avaient apporté leurs denrées, et en attendaient le paiement à la caisse du Ministère. C'était de bon augure.

La position est horriblement critique; sur la rive gauche le bombardement redouble de fureur. Saint-Cloud brûle, le palais, les casernes, la Mairie ne forment plus qu'un brasier; les magasins de farines et de grains de l'Etat sont presque complétement épuisés; ils ne sont guère ravitaillés que par les prodigieux efforts que fait la Préfecture pour parer au manque absolu.

---

(1) Cette restriction m'était suggérée par la fausse position dans laquelle je m'étais trouvé récemment vis à vis d'un fort spéculateur en blés, qui refusa de livrer le stock qu'il possédait en exhibant un ordre qui l'autorisait à opérer pour le compte du ministère du Commerce.

Le Gouvernement s'obstine à refuser les mesures générales qui seules peuvent produire des résultats effectifs, parer à la situation présente, prolonger la défense, peut-être même sauver Paris et la France. La population ne mange déjà plus la misérable portion de pain sans nom qui lui est allouée. (1) Hélas! nous mar-

(1) Je lis dans un ouvrage, fort intéressant du reste, le paragraphe suivant : « Le pain de Paris, à dater du 20 janvier, n'était
» plus qu'un horrible mélange de toutes sortes de graines où le
» froment n'entrait que pour mémoire. La menue paille d'avoine
» s'y retrouvait tout entière, déchirant le gosier de ses aiguilles
» pénétrantes. Comme le son dominait dans ce pain, et comme la
» vraie farine s'y trouvait en proportion insuffisante, il fallut sup-
» pléer par des additions de phosphate de chaux à l'absence des
» éléments nutritifs de la pâte. On recueillit, à cet effet, des vieux
» ossements provenant des catacombes, qui, réduits en farine,
» furent mêlés à celle qui sortait des moulins. Ainsi, Paris, sans
» le savoir, mangea les os de ses ancêtres, comme cela eut lieu
» déjà lors du siége que lui fit subir Henri IV. »

« M. Magnin, ministre du Commerce, ajoute l'auteur dans une
» note, a affirmé le fait en notre présence, à Bordeaux, devant MM.
» Dorian, Lanfrey et Ed. Texier. Sans le phosphate de chaux tiré
» des ossements, il eût été impossible de nourrir Paris avec le
» pain de son des huit ou dix derniers jours! »

Je ne puis ni ne veux discuter ce conte de croquemitaine, et je ne mets pas en doute que M. Magnin n'ait affirmé cette pyramidale bourde. Mais que ces Messieurs me permettent de leur dire, — puisqu'ils ont pris au sérieux cette plaisanterie, — qu'ils ont été victimes d'une de ces colossales mystifications bourguignonnes, dont M. Magnin, à l'esprit narquois, possède admirablement le secret.

chons à une catastrophe. Les patriotes sont impuissants, les hommes au pouvoir, sans énergie et sans capacité. Des germes de haine et de vengeance sont jetés sur ce sol de Paris si fécond; ils ne mûriront que trop; avant qu'il soit peu on en recueillera les fruits amers.

Le lendemain, à 2 heures, je me rendis chez M. Louis Blanc, comme je l'avais promis; après un court entretien sur le sujet qui nous préoccupait, et sur l'urgence de prendre une prompte décision, car, pour ainsi dire d'heure en heure, la situation s'aggravait, nous convînmes d'aller trouver le soir même M. Dorian, ministre des Travaux publics; nous étions sûrs de frapper là à la porte d'un vrai patriote.

Je n'oublierai jamais cette lugubre soirée. Le temps était affreux; il tombait une pluie glaciale; les rues, qui n'étaient plus éclairées, reflétaient à la pâle lueur de quelques réverbères placés à de longues distances, de larges flaques d'eau. Impossible de se procurer le moindre véhicule; les rares omnibus regorgeaient de monde. Nous fîmes ce long trajet à pied, trempés jusqu'aux os, obligés de nous orienter de temps en temps dans cette nuit noire et désolante. Pauvre Louis Blanc, quel Paris il retrouvait après vingt ans d'exil ! Nous marchions en silence, je n'osais interrompre les réflexions dans lesquelles il était plongé, elles devaient être bien amères !

Nous sonnons enfin à la porte de M. Dorian ; en même temps, une personne, que l'obscurité m'empêchait de distinguer, sonnait à la porte de l'hôtel contigu, le ministère de l'Agriculture et du Commerce. Elle me reconnut sans doute à la voix, et me souhaita le bonsoir ; je m'approchai et reconnus M. Pelletier, directeur des affaires municipales, couvert de boue et trempé jusqu'aux os, comme nous. Nous nous serrons la main en silence. Tout le monde était à son poste. Peines perdues, M. Dorian n'était pas chez lui ; tous les ministres étaient réunis en permanence.

Nous parvenons, après une longue attente, à trouver une place dans un omnibus, une seule ; j'y fais monter M. Louis Blanc, dont les dents claquaient, et je m'en retournai à pied, à travers ces rues désolées, harassé de fatigue et dormant en chemin, car il y avait plus de quatre mois que je ne prenais que trois heures de repos par jour,

Le lendemain, M. Louis Blanc vint me trouver chez moi ; il m'annonça qu'il y avait le soir même une réunion des Maires pour aviser aux mesures à prendre, et que j'étais invité à m'y rendre, afin de donner quelques renseignements. Je lui répondis que je me rendrais très-volontiers à l'appel de MM. les Maires, et étais tout disposé à leur fournir toutes les explications et renseignements qui pourraient leur être nécessaires ; mais, ajoutai-je, il faut que ce soit une réunion *générale* des Maires de Paris, et non une réunion où se trouveraient seulement quelques maires.

M. Louis Blanc m'affirma que c'était une réunion de *tous* les Maires, et me montra les lettres qu'il avait reçues à ce sujet, et qui contenaient une invitation pour chacun de nous.

La réunion devait avoir lieu à 8 heures à la mairie du IIIe arrondissement. A 7 heures 1/2 M. Louis Blanc vint me prendre, et nous nous rendîmes au lieu du rendez-vous. Nous fûmes introduits dans la grande salle des mariages où devait avoir lieu la séance. A 9 heures, il n'y avait encore personne ; j'avoue que l'impatience me gagnait ; je trouvais que si la politesse était la vertu des rois, comme dit le proverbe, elle ne messiérait pas aux républicains ; il me semblait qu'on devait plus d'égards à M. Louis Blanc et aux personnes que l'on dérangeait. J'allais me retirer quand quelques personnes firent leur apparition dans la salle ; nous fûmes introduits dans le cabinet de M. le maire Bonvallet, qui fit à M. Louis Blanc les compliments les plus obséquieux, et qui rappelaient l'ancien maître-d'hôtel.

Je retrouvai quelques maires de mes anciens amis, qui me présentèrent à leurs collègues, M. Bonvallet étant *trop républicain* pour remplir de simples devoirs de convenance envers un hôte qu'il avait personnellement invité.

Vers 10 heures on entra en séance. Un orateur prit la parole et récapitula longuement nos désastres, nos malheurs ; il semblait prendre plaisir à retourner le fer dans la plaie. C'était peut-être fort intéressant, mais à coup sûr tout à fait inopportun. Le temps pressait.

Un autre orateur lui succéda après un léger incident soulevé par M. Desmarest, maire du 9ᵉ arrondissement, et pendant plus d'une heure, nous développa un plan stratégique qui certainement pouvait être le meilleur choco.... le meilleur plan possible et l'emporter de beaucoup sur le plan platonique de M. le général Trochu ; mais il était trop tard pour aviser à une réorganisation complète de l'armée, et à une modification radicale des plans militaires. Paris allait manquer de pain ! là, était toute la défense. Paris sans pain, c'était la capitulation. M. Jules Favre et le Gouvernement prétendaient qu'on ne pouvait prolonger son agonie ; il fallait tenter un effort suprême, et prouver que Paris avait encore la force de tenir sa vaillante épée.

Tolain le comprit bien, quand se levant, impatienté, il dit : « Mais, Messieurs, il ne s'agit pas de récapituler nos malheurs, nous ne les connaissons que trop ; il ne s'agit pas d'apporter des modifications à notre organisation militaire, il n'est plus temps. Le moment est suprême, il faut donner à manger à Paris ; on prétend que c'est possible ; toute affaire cessante, occupez-vous de cette grave question, de cette question capitale. Vous avez convoqué de nos vieux amis qui connaissent la situation, et qui vous diront la vérité, car ce sont de sincères patriotes ; je vous invite à les entendre immédiatement. » Sur ces mots, j'espérai que le Président donnerait la parole à l'un de nous ; il n'en fut rien, et aux premières phrases de la personne qui la reçut, je m'aperçus qu'elle allait suivre les errements de ses prédécesseurs à la tribune. Il était minuit et demi, j'étais inquiet ; on pouvait m'appeler d'une heure à l'autre pour un service important, urgent ; en outre je devais être à mon poste à 4 heures du matin ; je perdais mon temps, car il n'était plus douteux pour moi qu'on n'avait plus le désir de m'entendre ; enfin je n'ignorais pas que les délibérations des Maires n'aboutissaient généralement qu'à des discussions interminables et sans résultat. Pour toutes ces raisons, et bien pénétré que j'avais fait plus que mon devoir, je pris la résolution de me retirer, navré de voir perdre un temps si précieux.

En descendant l'escalier, un adjoint, qui faisait comme moi, me dit : « Vous en avez assez, Monsieur ; eh bien ! c'est toujours comme cela ; maintes fois je me suis promis de ne plus revenir à ces réunions ; cette fois-ci je tiendrai parole.... » Je lui demandai le nom du dernier orateur. — C'est M. Millière, me répondit-il. Je ne m'en étonnai pas trop, bien qu'il y eut de quoi, parce que dans la matinée de ce jour, M. Millière, qui était alors poursuivi et traqué par la police, était venu frapper à ma porte. Après avoir hésité longtemps à donner son nom, il avait fini par le décliner, ainsi que les motifs qui l'amenaient chez moi. J'ai appris, dit-il, que M. Dubois doit assister ce soir à une réunion des Maires, pour y donner des renseignements. Dites-lui bien de ne pas manquer d'y aller; c'est d'une importance extrême. M. Dubois peut sauver la France, ajouta-t-il en se retirant d'un air dramatique.

Je ne pus m'empêcher de rire quand on me rapporta cette parole exagérée. Sauver la France! moi! Hélas! que n'était-ce vrai, fût-ce même au prix de ma vie!

Mais il n'était pas question de cela; je pouvais apporter ma faible part au salut commun. Les renseignements que j'avais à fournir étaient précieux, pouvaient y contribuer; on devait m'entendre, et ceux qui avaient le pouvoir en main devaient à la patrie de tenter pour elle les moyens de salut que je leur offrais. Ils ne l'ont pas fait, que la responsabilité repose tout entière sur leurs têtes.

Le lendemain, de bonne heure, je vis arriver à mon bureau M. Tirard, maire du IIe arrondissement. Il me dit avec une grande franchise que j'avais eu tort de m'être retiré la veille, et qu'il ne comprenait pas pourquoi je l'avais fait. Je lui répétai avec non moins de franchise les motifs que j'ai énumérés plus haut.... Au reste, ajoutai-je, rien n'est encore perdu ; voyez les ministres, le préfet, voici quel est mon projet : (je lui en fis connaître les détails). Avec une grande activité, en quelques heures, on peut le mettre à exécution. Qu'on me donne seulement les pleins pouvoirs, et je réponds de tout. Et même, si on n'a pas assez de confiance en moi, qu'on les donne à un autre, je m'engage à lui prêter mon concours le plus actif ; le salut de Paris avant tout ! M. Tirard, convaincu, partit comme un trait.... Depuis je ne le revis plus ! N'a-t-il pas obtenu ce qu'il demandait ? S'en est-il occupé ? J'aime à le croire. Seulement, à quelques jours de là, un de mes amis, maire d'un arrondissement, étant venu me voir, nous causâmes de toutes ces affaires ; je lui racontai la visite que m'avait faite M. Tirard et la résolution que nous avions prise ensemble, résolution dont je n'avais plus entendu parler depuis. Il se mit à rire, et me dit : je crois bien me rappeler qu'il y eut ce jour-là une réunion des Maires à laquelle je n'assistai pas. On m'a rapporté qu'il y fut question de vous et de votre projet. M. Tirard, maire du IIe arrondissement, aurait pris la parole et dit : « qu'il vous avait vu le matin même, et que vous ne lui aviez pas paru bien convaincu de son efficacité et des résultats qu'il pouvait produire..... » Je ne puis encore aujourd'hui croire à un pareil acte de M. Tirard, avec lequel je n'avais eu jusque là que de bons rapports, des relations agréables. C'est sans doute une calomnie, semée, Dieu le sait, dans quel but, et si je parle de cet incident, c'est pour nous en laver tous deux.

« Le 26 janvier, la triste note suivante paraissait au *Journal officiel:*

Tant que le Gouvernement a pu compter sur l'arrivée d'une armée de secours, il était de son devoir de ne rien négliger pour prolonger la défense de Paris.

En ce moment, quoique nos armées soient encore debout, les chances de la guerre les ont refoulées, l'une sous les murs de Lille, l'autre au-delà de Laval; la troisième opère sur les frontières de l'Est. Nous avons dès lors perdu tout espoir qu'elles puissent se rapprocher de nous, et l'état de nos subsistances ne nous permet plus d'attendre. Dans cette situation, le Gouvernement avait le devoir absolu de négocier. Les négociations ont lieu en ce moment. Tout le monde comprendra que nous ne pouvons en indiquer les détails sans de graves inconvénients. Nous espérons pouvoir les publier demain. Nous pouvons cependant dire dès aujourd'hui que le principe de la souveraineté nationale sera sauvegardé par la réunion immédiate d'une Assemblée; que l'armistice a pour but la convocation de cette Assemblée; que, pendant cet armistice, l'armée allemande occupera les forts, mais n'entrera pas dans l'enceinte de Paris; que nous conserverons notre garde nationale intacte et une division de l'armée, et qu'aucun de nos soldats ne sera emmené hors du territoire.

Personne, en lisant cette note navrante, ne se fit illusion. C'était le premier pas à la capitulation, à la capitulation avant d'avoir épuisé les dernières ressources et le courage de la population plus brillant encore le dernier jour que le premier. Le pain noir et gluant, était devenu immangeable, dit-on! D'abord, avant de le rendre tel, aviez-vous épuisé, à défaut du stock de l'Etat, les approvisionnements en farines et blés, accaparés par la spéculation ? Ensuite, des nations tout entières ne vivent-elles pas d'autre chose que de cet aliment ? En Angleterre, en Allemagne on mange peu de pain, beaucoup d'habitants n'en mangent pas du tout. Il est vrai que les Parisiens en mangent beaucoup et de l'excellent ; mais la population de Paris, depuis près de cinq mois, n'avait-elle pas donné la preuve de son abnégation, de son patriotisme devant lequel cédaient toutes ses habitudes de sybarite ? Cette population si délicate mangeait du chien, du chat, du rat, elle mangeait.... pourquoi ne le dirais-je pas, puisqu'on semble douter de son dévouement héroïque, elle mangeait... J'ai vu un jour passer (horresco referens), un plein tombereau de parties génitales de chevaux, grouillant dans un liquide sans nom.... je m'enfuis épouvanté, et j'ai encore devant les yeux ce spectable ignoble.

Eh bien ! oui, la population de Paris eût encore mangé six semaines, deux mois, non pas les aliments nauséabonds dont je viens de parler, mais des aliments sains, dont elle a l'habitude, si on eût voulu les rechercher là où ils étaient entassés, et où ils pourrissaient, soit par suite de la fuite de leurs propriétaires, soit par l'appât de gains monstrueux offerts à la spéculation. Mais la *conscience* de M. Jules Favre s'opposait à une mesure de salut public loyale, puisqu'on payait intégralement les détenteurs aux plus hauts cours. L'armistice prouvera que j'avais raison. Le 27, le *Journal officiel* contenait une proclamation du Gouvernement donnant de plus amples détails sur la convention qu'on était en train de signer avec la Prusse.

Enfin, le 28 janvier 1871, parut au *Journal officiel* cet abominable compromis qui humiliait la France et déshonorait la Prusse. Inutile d'en publier le texte; tout le monde l'a entre les mains; chacun de nous a tenu à le léguer à ses enfants comme un souvenir de haine contre un ennemi implacable, de mépris pour ceux qui ne surent pas mieux défendre l'honneur de la France. Cet indigne traité, signé Jules Favre — Bismark, commençait par ces mots: « C'est le cœur brisé de douleur.... » Au *cœur léger* avait succédé le *cœur brisé*! Paris prit le deuil.

Que chacun se reporte par la pensée aux

jours de ces préliminaires d'armistice. La spéculation, effrayée du ravitaillement probable de Paris, se hâta de sortir du fond de ses caves et de ses cachettes les plus secrètes, des denrées de toute nature, depuis longtemps passées à l'état de mythes : le beurre, les œufs, le jambon, le fromage, les pommes de terre, etc. On n'en croyait pas ses yeux, tant ces approvisionnements étaient abondants, et le public, qui en était privé depuis si longtemps, fut profondément indigné de la scélératesse des détenteurs qui n'avaient pas craint de laisser mourir de faim leurs compatriotes, et de compromettre le salut de la patrie pour satisfaire leur avidité. Ces *négociants* calculant habilement les besoins impérieux du public et le temps matériel nécessaire au ravitaillement de Paris, tinrent néanmoins leurs prix aussi fermes que possible, tout en les abaissant ; car, comme le disait judicieusement l'un d'eux : on ne peut pas tirer du sang d'une pierre. La bourse des Parisiens était devenue, en effet, bien légère ; on était forcé de mettre les prix en harmonie avec leurs finances, sous peine de ne rien vendre. Les bénéfices furent encore *honnêtes*, malgré les rabais forcés.

A minuit précis, heure convenue, les feux s'éteignirent de part et d'autre, le bombardement cessa : il avait duré près d'*un mois*.

CHAPITRE XIII

Les trois points de l'armistice. — L'Assemblée nationale à Bordeaux. — Irritation de la province contre Paris. — Entrée des Prussiens à Paris. — Le 18 mars. — La Préfecture de police, le 20 mars. — Le général Duval. — Souvenirs de Sainte-Pélagie. — Raoul Rigault. — Flourens. — Delescluze. — Ferré. — Amouroux. — Naissance de la Commune. — Entretien avec le délégué à l'ex-préfecture.

Tout le monde connait les événements qui suivirent la capitulation de Paris, car c'en était bien une, déguisée sous le nom d'armistice; elle eut un retentissement immense dans toute la France, et donna lieu aux événements les plus graves dont le récit n'entre pas dans le cadre de ces notes.

Trois points dans la rédaction de l'armistice frappèrent principalement Paris : le ravitaillement, — l'article 4 disant formellement que, « pendant la durée de l'armistice, l'armée allemande n'entrerait pas dans la ville de Paris, » — la remise des forts. Ces trois points résumaient son existence et son honneur mille fois plus cher encore. Aussi, la population supporta-t-elle avec son stoïcisme ordinaire les difficultés accidentelles ou volontaires qui surgirent à l'exécution de cette clause capitale. — La reddition des forts à l'ennemi, et le désarmement des remparts la remplirent de rage et de douleur. Ces travaux, ces canons étaient siens ; depuis cinq mois, Paris militarisé s'était habitué à ces engins de guerre avec lesquels il avait combattu vaillamment l'ennemi, et on allait les lui livrer ! On était encore cinq cent mille bien armés, bien décidés, résolus à mourir jusqu'au dernier, et d'un trait de plume, M. Jules Favre avait rendu inutiles ce dévouement, ces sacrifices, ces misères, et avait émasculé cette population virile qui avait fait ses preuves, et ne demandait qu'à être lancée de nouveau contre l'ennemi ! On s'en prit à M. Jules Favre, et c'en fut fait de son ancienne popularité : il devint l'exécration des Parisiens.

Quant à l'article 4 qui disait que l'armée prussienne n'entrerait pas dans Paris... il était évident pour tous ceux qui connaissaient l'esprit subtil de M. de Bismark et l'orgueil prussien, qu'il se réservait cette entrée après la signature définitive de la paix, et qu'il ne jouerait pas sa popularité vis à vis son armée, en lui refusant la réalisation de ses rêves dès l'entrée en campagne, et la récompense de ses travaux. Paris était l'objectif de l'orgueil et de l'ambition des Prussiens. La population, avec son tact admirable, le sentit bien ; aussi, prise d'un vertige patriotique, se laissa-t-elle aller à des démonstrations tumultueuses ; quelques bataillons en armes s'apprêtèrent à résister à la reddition des forts ; on battit le rappel dans les faubourgs, à Montmartre, Belleville, etc. ; un grand nombre d'officiers se portèrent à l'état-major de la garde nationale, situé à l'Elysée. Heureusement on parvint à tout pacifier, et Paris n'eut pas la douleur de voir des malheurs, désormais inutiles, s'ajouter aux anciens.

Les élections pour l'Assemblée nationale eurent lieu dans toute la France le même jour, 8 février. L'Asssemblée nationale se réunit à Bordeaux, nomma M. Thiers chef du pouvoir exécutif, et aussitôt après la formation de son cabinet, la discussion des préliminaires de paix commença à Versailles.

Ces préliminaires furent signés le 26 février, et votés par l'Assemblée à la majorité de 546 voix contre 107. On s'explique ce vote de la paix à tout prix, quand on se reporte à la situation de la France à cette époque, et à l'état moral que lui avait légué l'Empire en mourant.

La province ravagée, écrasée de contributions, de réquisitions de toute nature; vilipendée par un ennemi qui ne connaissait d'autre loi que la force, d'autre frein que la satiété; humiliée dans ce qu'elle avait de plus cher et de plus sacré; se voyant abandonnée par un gouvernement d'intrigants, d'égoïstes pour la plupart, se jalousant lui-même et profondément divisé; la province, dis-je, à bout de patience et de souffrances, envoya à l'Assemblée les hommes sur lesquels elle pouvait compter pour faire cesser un état de choses insupportable, des hommes ennemis de la délégation de Bordeaux et de la République, à laquelle elle attribuait tous ses maux. Ces hommes devaient faire la paix, et ils la firent....

La province, dont l'Empire avait surexcité les appétits matériels, accusait Paris d'être le germe de tous ses malheurs ; Gambetta qui tentait de la galvaniser, de ressusciter en elle l'amour de la patrie et la haine de l'étranger, elle le considéra comme l'homme fatal destiné à perpétuer ses souffrances.

Aussi, l'imagination reste-t-elle confondue en présence des prodigieux résultats obtenus avec de pareils éléments par l'ardent patriote qui sut vaincre les résistances de l'égoïsme et de la haine, prouver à l'étranger que la France n'était pas à perpétuité noyée dans les intérêts matériels, et que la fibre nationale n'était pas à jamais relâchée.

La province prit la partie pour le tout, confondit dans sa haine le Gouvernement qui siégeait à Paris, avec sa population, cette population qui venait de défendre l'honneur national cinq grands mois, qui, pour la France, avait tout supporté, jusqu'à un bombardement d'un mois sans exemple dans l'histoire, qui avait eu faim, qui avait eu froid, dont chaque citoyen était devenu un héros, et chaque femme une héroïne.

Les conséquences de cette haine aveugle de la province contre Paris furent incalculables, et le temps seul pourra effacer les traces qu'elle y a laissées, traces de fer, de feu et de sang.

Paris dans un suprême sacrifice, donna la mesure de son patriotisme ; M. de Bismark, comme on l'avait bien prévu, imposa l'humiliante alternative de lui céder Belfort, la porte de l'Est, ou de laisser entrer ses troupes dans Paris.

Ce fut un cri d'horreur dans toute la capitale; mais redevenue tout à coup calme, froide comme elle l'est toujours quand elle prend une résolution suprême, elle résolut de sauver ses frères de Belfort et d'avaler le calice jusqu'à la lie, bien sûre de rendre au centuple à ce peuple barbare, l'humiliation qu'il prétendait lui infliger.

Le matin du jour fixé pour l'entrée triomphale des Prussiens, qui avait été limitée aux Champs-Elysées, cent mille gardes-nationaux se portèrent spontanément, sans ordres et sans chefs, au-devant des *triomphateurs*, afin de s'opposer à toute violation de l'itinéraire fixé par la convention. C'était une suprême imprudence qui pouvait amener une épouvantable catastrophe; mais quel est le patriote qui osera jeter la première pierre à ces fanatiques de l'honneur national? Des barrières, des barricades s'élevèrent, comme par enchantement, sur tout le parcours des *vainqueurs* qui défilèrent piteusement devant leurs gardiens, comme des moutons à la bergerie.

Le triomphe fut pour Paris, qui montra une fois de plus son ardent patriotisme.

La ville tout entière se couvrit de deuil; les statues de la place de la Concorde furent voilées de noir; tous les établissements publics ou privés se fermèrent instantanément; les portes, les fenêtres des maisons, pavoisées de crêpes, furent hermétiquement closes; les rues devinrent désertes; les rares passants se parlaient à voix basse comme dans la chambre des morts: c'était effrayant, mais sublime. Quelques femmes de mauvaise vie tentèrent bien de pénétrer jusqu'aux Prussiens, mais elles furent fouettées vigoureusement par les gardiens des barricades.

Cela dura près de trois jours ; trois jours, les vainqueurs, parqués comme un troupeau, n'eurent aucune communication avec Paris et ses habitants, et durent dévorer l'affront de cette réprobation.

Ils partirent comme ils étaient venus, l'oreille basse, l'air piteux et confus, pénétrés sans doute que « la force » n'est pas la loi suprême des nations, qu'il y a au-dessus d'elle « le droit et la justice. »

En prévision d'une tentative des Prussiens, la garde nationale, avec le concours de la population, enleva les canons et les équipages d'artillerie qui se trouvaient dans les parcs voisins du faubourg Saint-Honoré, à la place Wagram, etc. Elles les transportèrent au sommet des buttes Montmartre, et les fit garder et surveiller par les gardes nationaux du quartier.

Ce furent ces canons qui, après le départ des Prussiens, amenèrent le grave conflit qui força le Gouvernement à se replier sur Versailles. Paris fut abandonné à l'insurrection dirigée par un comité dit *Comité central de la garde nationale*. Nous étions au 18 mars.

Le lendemain de sa victoire, le comité central déclara qu'il allait immédiatement appeler les électeurs à nommer une *Commune*, et qu'une fois celle-ci constituée, il se retirerait. Il tint parole.

Les élections eurent lieu le 26, et, le 28 mars, le Comité central remit officiellement, et en grand apparat, ses pouvoirs entre les mains des représentants élus de la Commune.

On ne s'explique la réussite de la journée du 18 mars et le peu de sympathie qu'éprouva le Gouvernement de la part de la population, que par les mesures tout au moins maladroites qu'il prit ce jour-là : la suppression de plusieurs journaux, la nomination du général d'Aurelles de Paladines, comme commandant en chef de la garde nationale, du général Valentin comme Préfet de police, etc., n'avaient pas disposé la population en faveur du Gouvernement ; sa retraite fut la conséquence forcée de ces actes.

La veille du 18 mars, je reçus une invitation à me rendre à la Préfecture le lendemain, avant midi ; c'était une réception officielle. J'allai donc, comme c'était mon devoir, à la Préfecture. Il y régnait une grande agitation. Je fus reçu par le chef du 1er bureau, qui fit demander au chef de la 2ᵉ division si le Préfet pouvait me recevoir. Celui-ci fit répondre que c'était impossible ce jour-là, que M. le Préfet ne recevrait pas. Je me retirai, et ce ne fut que bien plus tard, après la prise de Paris par les troupes de Versailles, que j'eus l'occasion de revoir M. Valentin dans les circonstances dont je parlerai plus loin.

Le lundi 20 mars, j'étais couché quand on sonna avec violence à ma porte. J'allai ouvrir. C'était un ordre du délégué à l'ex-préfecture de police de me rendre immédiatement à son bureau.

J'avoue que j'hésitai longtemps à obéir à un ordre qui m'inspirait des craintes sérieuses ; mais ayant réfléchi que si je n'obéissais pas de bonne grâce, on pourrait m'y contraindre par la force, et que des baïonnettes dans mon domicile, au milieu de la nuit, étaient chose fort déplaisante, je fis taire mes craintes et mes répugnances, et je m'acheminai du côté de la Préfecture, fort peu rassuré, j'en conviens.

Mes premiers pas en entrant sur la place Dauphine, furent loin de dissiper mes appréhensions. Je trouvai une sentinelle qui me demanda mon *laissez-passer ;* j'exhibai l'ordre que je venais de recevoir, le factionnaire le lut, me le rendit, et appela l'officier du poste.

Je présentai de nouveau mon papier à cet officier. Il m'apostropha brutalement en me disant « que je le regardais de travers.... » ; je fus un peu interdit ; il est probable que je n'avais pas une figure très-souriante ; je sortais de mon lit, je me trouvais au milieu de cette place triangulaire, pleine de gardes-nationaux dont je voyais briller les baïonnettes à travers l'obscurité, car la nuit était noire, et quelques rares réverbères placés aux extrémités, l'éclairaient seuls de leurs mèches fumantes.

J'affirmai à l'officier que je ne l'avais pas regardé de travers ; malgré cela, il continuait à s'emporter, quand un jeune lieutenant intervint et fit cesser cette scène désagréable.

Passez, dit alors l'officier-cerbère, et une autre fois, faites meilleure mine aux citoyens... Je ne répondis rien à cet avis *paternel*. — Le jeune lieutenant s'offrit de me servir de guide, et bien m'en prit d'accepter, comme on va le voir. A peine eûmes-nous fait quelques pas, nouvel arrêt, — presque même scène. L'officier mandé prétendit, en jurant effroyablement, que je lui avais présenté mon papier « d'une manière inconvenante, » que ce n'était pas ainsi qu'on agissait avec les citoyens.

Irrité à mon tour de ces stupidités, je lui demandai vivement si les *citoyens* avaient la prétention qu'on leur offrît à genoux et sur un plat d'argent les laissez-passer ; que j'étais un citoyen tout comme lui, que je lui avais présenté mon papier comme un homme à un homme, et non comme un vassal à son seigneur ! Mon affaire allait devenir mauvaise, la fureur étranglait cet énergumène ; mais mon jeune lieutenant prit la parole et parvint, non sans peine, à le calmer et à obtenir qu'il nous laissât circuler. A l'entrée des corridors, véritables labyrinthes, mon guide m'avoua qu'il ne connaissait absolument pas la localité, et ne savait où était situé le cabinet du Préfet. Depuis le 4 septembre, j'avais appris à connaître ce dédale de corridors et d'escaliers ; à mon tour je servis de guide, et nous traversâmes sans encombre ces longues galeries envahies par une foule de gardes nationaux qui faisaient un tapage infernal : les uns étaient couchés, les autres debout ou assis, tous la pipe à la bouche ; on respirait à peine dans ce nuage de fumée. Arrivés à la porte du cabinet du Préfet, mon jeune officier prit congé de moi ; je le quittai à regret, tant ses manières courtoises m'avaient plu ; sans lui, peut-être ne serais-je jamais ressorti de cette maudite place Dauphine.

Je fus introduit, et me retrouvai dans ce cabinet que j'avais vu jadis si calme et si digne sous les de Kératry, les Adam, les Cresson. Quel changement ! une foule bruyante et bariolée l'encombrait, on y parlait à haute voix, on s'interpellait d'un bout à l'autre, on y fumait ; il y régnait un laisser-aller complet.

J'étais assez embarrassé de ma personne, quand une vieille connaissance vint à mon secours, et me prévint que le délégué à la Préfecture allait arriver ; je n'en demandais pas davantage ; plusieurs personnes vinrent encore me serrer la main, en m'appelant par mon nom ; ce ne fut que plus tard que je sus qui elles étaient. Un officier supérieur entra ; une bonne tenue, un air calme et digne prévenaient en sa faveur. A ma grande surprise, il s'avança vers moi, me tendit la main, et avec un sourire d'une grande douceur, me dit : Il y a longtemps que je n'ai eu le plaisir de vous rencontrer ; nous nous revoyons dans des circonstances bien graves ; il ajouta encore quelques mots gracieux, et passa dans un cabinet voisin. Je demandai son nom :

— C'est le général Duval, me répondit quelqu'un ; comment, vous ne l'avez pas reconnu ? Il a été à Sainte-Pélagie en même temps que vous. La mémoire me revint, et instantanément je me rappelai la physionomie de la plupart de mes interlocuteurs, détenus politiques en 1869.

Incarcéré à Mazas, en 1869, pour délit de presse, j'avais été transféré à Sainte-Pélagie après jugement. Là, j'y trouvai une vingtaine de confrères de la presse, incarcérés pour les mêmes *crimes* que moi : Laferrière, Lockroy, Antonin Poulet, Louis Ulbach, Delescluze, Arthur Arnould, Louis Lherbette, Marquez, etc. Outre ces prisonniers de la presse, la maison contenait encore un grand nombre de ceux qu'on appelait *les politiques*, qui habitaient un autre corps de bâtiment que celui des journalistes, désigné sous le nom de *pavillon des Princes*, sans doute par euphémisme, car jamais prison ne fut plus désagréable et plus repoussante avec ses cellules nommées plus logiquement *le grand et le petit tombeau*. Heureusement que la gaîté des prisonniers animait ces lieux, dont nous avons tous conservé un joyeux souvenir.

La cour était commune avec les *politiques* ; c'est ainsi que j'en connus plusieurs qui plus tard ont joué un rôle important. Parmi les politiques, j'en citerai particulièrement trois, morts aujourd'hui : Flourens, Raoul Rigault et Duval. Flourens était un bon et noble jeune homme, auquel on ne pourrait reprocher que ses passions politiques, qui l'ont entraîné à bien des erreurs, atténuées par la droiture de ses intentions. D'une douceur toute féminine cachée sous une âme d'acier, il était fort distingué de manières, très-instruit et doué de l'esprit le plus chevaleresque, ce qu'a eu le bon goût de déclarer publiquement M. Paul de Cassagnac, après une affaire d'honneur qu'ils eurent ensemble. La bonté sans pareille de son caractère l'entraîna à sa perte ; jamais il ne voulut croire les bons avis de ses amis qui lui signalaient dans son entourage des hommes indignes de ses sympathies. Il était fou de justice, de droiture, de patriotisme. Il fut victime d'hommes plus habiles que lui, qui eurent l'astuce de se parer des dehors de vertus qu'il possédait lui-même bien réellement ; ces hommes le conduisirent de catastrophe en catastrophe, jusqu'à la dernière qui mit fin à son existence, pour arriver à l'accomplissement de leurs ténébreux desseins.

Je n'eus que peu de relations avec celui qui fut depuis le général Duval, fusillé par les ordres du général Gallifet, sur la grande route, un jour qu'on le conduisait prisonnier à Versailles. Il faisait partie de la division des *politiques*. Journalistes et politiques se rencontraient dans la cour commune à certaines heures ; les premiers étaient occupés une bonne partie de la journée à la rédaction de leurs journaux respectifs, et ce n'était que par tolérance du directeur que les derniers pouvaient pénétrer dans le pavillon des Princes. Tout en vivant en bonne intelligence, nous n'avions guère d'autres rapports que ceux qui s'établissent entre prisonniers, surtout frappés à peu près pour les mêmes délits. La plupart des politiques avaient été condamnés pour des discours prononcés dans des réunions. La parole et la plume subissaient le même sort sous le même toit.

Raoul Rigault et Flourens faisaient exception; journalistes eux-mêmes, ils étaient connus de nous tous. Rigault n'était pas encore le terrible Procureur de la République qui jeta plus tard l'épouvante dans la capitale. C'était ce qu'on appelle vulgairement « un bon garçon, » aimé de ses camarades, prêt à rendre service au premier venu, d'un caractère gai, aimant un peu à taquiner, mais sans méchanceté; redouté des gardiens auxquels il n'épargnait pas les railleries et les niches à l'occasion; faisant sourire parfois le *père Méchin*, le célèbre brigadier qui a tenu sous les verroux toute notre génération politique, y compris l'Empereur, ce qui explique pourquoi il n'a jamais reçu la croix qu'il a cent fois méritée par ses services militaires et autres. Ici se place un épisode qui surprendra bien du monde. C'est à Sainte-Pélagie et à cette époque que prit naissance la *Commune,* telle que nous l'avons vue fonctionner, il y a à peine un an, et avec la plupart des mêmes personnages. Voici comment j'appris dès le premier jour cette étrange fondation. En arrivant à Sainte-Pélagie, selon l'usage, les détenus, que je connaissais déjà à peu près tous, vinrent me souhaiter la bien venue. Beaucoup d'entre eux étaient en patalons blancs, manches de chemise, une large ceinture rouge à la taille, et un bonnet phrygien sur la tête. Cela me parut si plaisant, que je demandai à Raoul Rigault si on jouait la comédie à Sainte-Pélagie, et si la pièce du jour était Mazaniello? — Il ne faut pas se moquer, me répondit celui-ci, c'est très-sérieux; *nous avons fondé la Commune*; — et comme je riais de plus belle : — Au fait, dit Rigault, moitié sérieux moitié riant, tu ne comprends pas cela toi, tu es un *bourgeois*; plus tard tu le comprendras, mais ce sera trop tard, car nous serons obligés de te couper le cou comme aux autres, quoique tu sois un bon garçon. Je le remerciai en riant des faveurs qu'il me promettait pour l'avenir. — D'ici-là, lui-dis-je, j'ai bien le temps de dormir sur mes deux oreilles.... Pouvais-je prévoir que moins d'une année après, ces enfantillages deviendraient des actes sérieux, et qu'arrêté par ces farouches sectaires, je serais à deux doigts de la mort?

Que de fois, en me promenant dans la cour

dé la prison avec M. Delescluze, avons-nous ri de toutes ces gamineries.

Ce même M. Delescluze, qui partagea plus tard leur sort, souriait, haussait les épaules et disait : « Ce sont des enfants, ils s'ennuient, il faut bien qu'ils se distraient à quelque chose. » Cependant, je dois le dire, une certaine teinte de fanatisme commençait déjà à poindre ; ces *enfants* ne permettaient pas qu'on raillât *leur Commune* embryonnaire, et Flourens, qui en faisait partie, tout comme les autres. Flourens ne porta jamais le costume classique ; une ou deux fois, sur notre demande, il revêtit le beau costume Crétois qu'il avait glorieusement porté pour la défense des libertés de la Crête.

Ils se prenaient si bien au sérieux, qu'un jour Rigault, qui avait une horreur bien prononcée et bien légitime pour les mouchards, prétendit que ce malheureux Budaille, détenu comme les autres, en était un.... Sur cette présomption, il érigea un tribunal qui condamna, dans toutes les formes judiciaires, ce pauvre Budaille au mépris public et à l'ostracisme. Celui-ci, aussi fou que les autres, comparut bénévolement, se défendit sérieusement et n'obtint pas même des circonstances atténuantes.

A partir de ce jour, on lui refusa les journaux et tout service quelconque ; il était défendu de lui adresser la parole, et la solitude se fit à l'entour de cet infortuné. Son crime était d'avoir jadis sollicité de l'Empereur les épaulettes d'officier ; le fit-il par besoin ? je le pense ; lui, prétendit l'avoir fait par patriotisme. Peu importe, du reste ; il fut condamné, et son existence devint fort pénible. M. Delescluze et moi fûmes les seuls qui osèrent braver *les arrêts de la Commune*. De temps en temps nous causions avec ce malheureux, et nous lui faisions passer des journaux. Ferré, qui plus tard succéda à Rigault à la délégation de l'ex-préfecture, était alors un de ses fervents disciples et faisait aussi partie de la Commune qui comptait déjà parmi ses membres plusieurs de ceux que nous avons vus plus tard au pouvoir : Raoul Rigault, Ferré, Flourens, Duval, Amouroux et autres. Parmi les *bourgeois* qui s'obstinaient à ne pas prendre au sérieux la Commune de Sainte-Pélagie, un seul avait trouvé grâce à ses yeux, et devait échapper à ses foudres vengeresses. C'était un riche et très-honorable négociant en vins, M. Courtois, fourvoyé au milieu de tout ce monde pour un propos léger tenu contre l'Impératrice dans une réunion d'*amis*. Dénoncé par un infâme, il expiait par quatre mois de détention une plaisanterie qui ne devait pas sortir d'un cercle intime. M. Courtois, excellent cœur, avait pitié de ces enfants, presque tous dans la misère, et ses générosités de tous les jours venaient adoucir leur existence. Rigault regrettait amèrement que « un si brave homme » fût aussi *un bourgeois*!

Ces détails feront comprendre pourquoi je ne voulus jamais prendre part en aucune façon aux affaires de la Commune inaugurée le 28 mars, quoique j'y comptasse bon nombre d'amis politiques et de confrères en journalisme. L'admission dans son sein de fanatiques, d'énergumènes, de gens sans valeur morale ou politique qui la perdirent, m'inspira dès les premiers jours une profonde répulsion. Bien des offres brillantes me furent faites par des hommes qui avaient mon estime et ma confiance; je les déclinai toutes sans hésitation; les principes municipaux à mon avis devaient être sans tache, et soutenus par des hommes d'une capacité et d'une honnêteté incontestables. C'est probablement le même sentiment qui engagea certains membres de la Commune, nommés par le suffrage universel, qui avaient la confiance générale, à se retirer dès les premiers jours de l'inauguration de la Commune. Mais s'ils fussent restés, peut-être Paris n'eût-il pas subi ses horribles catastrophes.

Cette longue digression aura sans doute fait perdre de vue la singulière situation dans laquelle je me trouvais. J'attendais *par ordre* l'arrivée de celui qui remplissait les fonctions de préfet de police, et malgré de légitimes inquiétudes, j'avais presque oublié que j'étais dans son cabinet, quand tout à coup, on annonça « le délégué à l'ex-préfecture. » — Raoul Rigault entra, vêtu comme je l'avais vu jadis; il n'avait pas encore le brillant costume d'officier général qu'il porta plus tard, et qui, dit-on, lui allait à merveille. Il vint à moi, me tendit la main, et me demanda des nouvelles de ma santé. Je le remerciai, et lui dis que j'étais venu sur son ordre.... — Tu as bien fait, dit-il, en m'interrompant ; si tu n'étais pas venu, je t'aurais fait enlever ! Je savais désormais à quoi m'en tenir, et je me mis sur mes gardes. — Tu as, ajouta-t-il, un service très-important ; je sais que tu l'as rempli avec un zèle qui mérite récompense. Je n'ai pas oublié, poursuivit-il en riant, le *bourgeois* de Pélagie, et je te nomme chef de la 2ᵉ Division, à la place du titulaire actuel que je révoque. Tu acceptes, c'est entendu ? — Permets-moi, lui dis-je, de te faire quelques observations. Je ne suis ambitieux que de faire un peu de bien. M. Baube dont tu m'offres la place, est un ancien serviteur nommé par Caussidière, un vrai républicain celui-là, et dont tous les partis ont conservé les souvenirs les plus honorables. Depuis plus de vingt ans, M. Baube a rempli avec zèle et habileté ses fonctions. Par raison et par sentiment, je ne prendrai pas sa place. — Tu vas donc faire comme les autres, t'enfuir à Versailles ? — Non ; je n'ai reçu à cet égard aucune instruction de mes chefs ; mes fonctions ne sont pas politiques, elles sont municipales ; j'ai des devoirs à remplir vis à vis de la population et vis à vis du commerce; tu viens de reconnaître toi-même que j'ai accompli ma tâche à la satisfaction générale; je reste donc à mon poste, mais à une condition : c'est que tu ne toucheras en rien à ma division, à partir de son chef jusqu'au dernier de mes employés. Je continuerai à fonctionner comme par le passé, jusqu'à ce que je reçoive des ordres de mes chefs qui m'enjoignent de me retirer; j'aviserai alors. Rigault jeta un regard sur le groupe qui nous entourait et qui me sembla approuver mes paroles, peut-être même mon courage, car il en fallait pour décliner ainsi l'autorité déjà toute puissante de Rigault. — C'est bien, me dit celui-ci, retourne à tes fonctions, j'aurai l'œil sur toi. Puis, quittant le ton solennel et me présentant sa tabatière: « Prends la vieille prise du prisonnier que tu as si souvent partagée avec moi. »

Je lui demandai s'il n'avait plus rien à me dire? — Non, tu peux te retirer. — Tes gardes du corps ne sont pas commodes, lui dis-je en riant, ils ont failli me fusiller en arrivant; donne-moi un laissez-passer en règle. Il en fit faire un par un secrétaire, le signa, me le tendit et me dit adieu. Je rentrai chez moi, en traversant sans difficulté les mêmes postes ; il paraît qu'il était plus facile de sortir que d'entrer. Je ne revis Rigault qu'une seule fois à l'occasion de la révocation d'un de mes employés, en violation de ce qui avait été convenu : que la Commune ne s'immiscerait en rien dans les affaires et les services de l'Inspection générale.

CHAPITRE XIV

Singulière situation de l'administration des Halles. — Intervention de la Commune. — Altercation avec les délégués de la Commune. — Ordres du gouvernement de Versailles. — Le Vendredi-Saint. - - Lettre au Rappel. — Arrestation de l'Inspecteur général. — La galerie des otages. — Une nuit d'angoisses. — Le préau. — Un pensionnat de jeunes filles.

Je continuai à rester à mon poste, vaquant à mes affaires comme par le passé, très-inquiet pourtant de cette position extraordinaire d'un fonctionnaire agissant entre deux pouvoirs, avec le consentement tacite des deux. Je ne pouvais alors me figurer que le gouvernement de Versailles, qui me laissait absolument sans instructions quand il lui était si facile de m'en faire parvenir, n'avait pas, *in petto*, l'intention de laisser fonctionner les Halles et Marchés comme par le passé, afin d'éviter les grands malheurs qui auraient pu fondre sur la capitale par leur fermeture et la retraite en masse des employés de ce service.

Les avis qui me parvenaient indirectement de mes chefs à ce sujet, et qu'on a déclinés plus tard, me fortifiaient dans cette pensée. Elle était du reste logique, pratique et conforme à l'esprit qui doit animer un gouvernement paternel.(1)

On ne pouvait transporter à Versailles les Halles et Marchés de Paris ; il n'était pas possible qu'on eût l'intention d'affamer une popula-

---

(1) Les intentions du gouvernement se dessinèrent plus tard, comme il ressort de la circulaire suivante adressée aux commissaires de surveillance administrative, dans les différentes gares de chemins de fer :

Versailles, le 25 avril 1871.

Monsieur,

« M. le chef du pouvoir exécutif vient de décider que tous les
» convois de vivres, tous les approvisionnements dirigés sur Paris,
» seraient arrêtés à dater d'aujourd'hui.

» Je vous prie de prendre d'urgence toutes les mesures que vous
» jugerez utiles pour l'exécution de cette décision. Vous visiterez
» avec la plus vigilante exactitude tous les trains de chemin

tion inoffensive de près de deux millions d'âmes, de provoquer des désordres imminents, si on lui retirait la subsistance, de ruiner en même temps des expéditeurs de la province et de l'étranger qui envoyaient en toute sécurité leurs denrées à une administration qui leur avait de tout temps inspiré la plus absolue confiance. Cette confiance était, du reste, bien méritée par le zèle, l'exactitude et la surveillance active qu'elle déploya toujours vis-à-vis de leurs intérêts. Les jours s'écoulaient sans aucune observation de Versailles, et sans qu'il me fût transmis le moindre ordre verbal ou écrit, ce qui me fortifiait d'autant plus dans le sentiment que j'étais tacitement approuvé, mais que pour des raisons que

» de fer, toutes les voitures à destination de Paris, ET VOUS FEREZ
» REFLUER VERS LE POINT D'EXPÉDITION LES APPROVISIONNEMENTS QUE
» VOUS AUREZ DÉCOUVERTS.

» Vous vous concerterez, à cet effet, avec le chef de gare et
» avec le commandant des forces militaires de la localité où vous
» avez votre résidence.

» Recevez, etc.
» Le Général, délégué aux fonctions de Préfet de police,
» VALENTIN. »

Ces arrêtés, pris à Versailles, ne pénétraient pas dans Paris, et nous les ignorions tout autant que les ukases de l'empereur de Russie.

je devinais à moitié, on ne voulait pas nous donner d'ordres, comptant sur le zèle, l'exactitude et le dévouement de toute l'administration.

Néanmoins, l'inquiétude commençait à gagner les employés de tous grades ; plusieurs s'étaient rendus à Versailles de leur propre mouvement, d'autres m'avaient consulté ; mais ni les uns ni les autres ne rapportèrent le moindre indice qui pût me mettre sur la voie, et diriger mes résolutions. La position devenait d'autant plus difficile que de graves conflits s'étaient déjà élevés entre la Commune et moi. Celle-ci, qui s'affermissait et prenait de l'autorité, commençait à trouver très-anormal qu'une administration qui relevait du gouvernement de Versailles, pût fonctionner en déclinant son autorité.

C'était juste ; une telle situation était impossible et devait prendre fin. Je ne voulais pas, d'un côté, abandonner sans ordres le poste qui m'avait été confié, et, d'un autre, pactiser avec la Commune, dont beaucoup de membres, comme je l'ai dit plus haut, loin d'avoir ma confiance, m'inspiraient une véritable répulsion. La Commune m'envoya plusieurs fois des délégués dont les uns furent polis et comprirent la situation ;

ils se retirèrent convaincus qu'il fallait laisser les choses en l'état, sous peine de provoquer de grands malheurs. D'autres, moins intelligents ou plus mal appris, élevèrent la voix et me menacèrent de m'arrêter.(1) Je répondis à ces menaces avec une vivacité que l'immense responsabilité qui pesait sur ma tête, peut en quelque sorte excuser. La Commune nomma un chef de ma Division, en remplacement de M. Baube, et un Inspecteur général des Halles et Marchés, appelé à me remplacer. Ce dernier se présenta à moi, m'affirmant qu'il n'entrerait en fonctions que lorsque je me retirerais de mon poste. Il m'invita à venir voir *mon* nouveau chef de Divi-

(1) J'eus un jour avec ces délégués une scène terrible, dans laquelle, je l'avoue, je sortis tout à fait des bornes de la modération, et qui fit trembler tous les employés pour ma sûreté personnelle. Exaspéré de ce qu'on s'immisçait dans mes affaires, malgré la parole donnée, des taquineries auxquelles étaient en butte mes employés, des tracasseries journalières qu'on me suscitait, et des menaces d'arrestation qui se renouvelaient quotidiennement, sur une de ces dernières, je m'emportai tout à fait: « Citoyens délégués, m'écriai-je, sans instructions de mes chefs, je remplis ici un devoir envers la population de Paris et le commerce que seuls je sers dans ce moment. Je ne vous connais pas; je me f.... de vous, je me f.... de la Commune, allez vous en, laissez moi la paix. » Les délégués se retirèrent, et je devinai bien le sort qui m'était réservé.

sion, et fut fort étonné que je refusasse formellement de le reconnaître et de faire cette démarche. Dès cette heure, je m'attendis à chaque instant à être mis en état d'arrestation ; tous les employés, qui avaient assisté pour ainsi dire à ces scènes déplorables, en étaient convaincus et venaient à tour de rôle prendre mes instructions en prévision de la catastrophe ; quelques-uns même, qui m'étaient plus particulièrement attachés, me proposèrent de former un bataillon pour ma sûreté personnelle. Je les calmai et les suppliai de ne faire aucune démonstration qui eût pu attirer sur eux de grands malheurs.

Il y en eut un cependant, brave homme du reste, que la peur prit à la gorge un jour dans mon cabinet. On entendit tout à coup battre le tambour sous mes fenêtres. — Qu'est-ce que cela? me dit-il d'un air effaré. — On vient sans doute pour m'arrêter, répondis-je d'un air indifférent. Il se leva, comme poussé par la détente d'un ressort : — M. l'Inspecteur général n'a plus rien à me dire? (je n'avais pas encore commencé). — Non, Monsieur, lui dis-je, ayant pitié de sa terreur. Il prit à peine le temps de saluer, et s'enfuit précipitamment, se heurtant dans son trouble à tous les meubles et à toutes les portes.

Il fallait pourtant en finir; mes employés eux-mêmes n'étaient plus en sûreté; plusieurs de mes inspecteurs, des facteurs même furent arrêtés, cependant relâchés presque immédiatement. Rigault violait ouvertement les promesses qu'il avait faites au nom de la Commune; en outre, mes malheureux employés n'étaient payés de leurs appointements arriérés qu'à la condition d'aller les toucher à Versailles, ce qui était fort dangereux, car la Commune les faisait surveiller. Beaucoup n'avaient même pas les moyens de se transporter au siége du Gouvernement. On sortait du siége, ils avaient épuisé leurs dernières ressources, leurs *épargnes*, des malheureux dont beaucoup ne gagnent que 80 à 90 francs par mois! Il fallait aviser; mon Inspecteur-adjoint et un autre Inspecteur furent expédiés à Versailles; nous étions vers le 4 ou le 5 avril.

Il ne m'était pas possible, à moi, de m'absenter une minute de mon poste, dans la situation où nous avaient mis le manque d'instructions, d'une part, et les prétentions de la Commune, d'autre part. Une grande anxiété régna parmi nous jusqu'au retour de nos messagers. Ils revinrent enfin, et nous annoncèrent *verbalement* « que Versailles donnait l'ordre formel à tous les employés de quitter immédiatement leur service..... » Qu'on me permette ici de faire quelques réflexions en faveur de pauvres gens pour lesquels ces notes ont été prises principalement :

Pourquoi n'avait-on pas donné cet ordre plus tôt, au début de la Commune ? On m'a répondu depuis, que l'ordre avait été donné par le Chef du pouvoir exécutif, et inséré au *Journal officiel* de Versailles. Je déclare sur l'honneur que je l'ai complétement ignoré, *longtemps même après la catastrophe*. Je n'ai jamais vu ce journal à Paris, et tous les employés qui ont été révoqués comme moi, ont complétement ignoré cet arrêté. D'ailleurs, en dehors de cet ordre, ne pouvait-on pas transmettre les résolutions du Gouvernement hiérarchiquement au Chef de service, qui en eût fait part à tout son personnel ? Non, on laisse marcher les choses comme auparavant, et se compromettre des centaines de malheureux qui faisaient tout bonnement leur devoir : obéir à leur chef supérieur. Car ils furent compromis, comme on le verra plus tard, et sévèrement punis pour avoir suivi cette loi hiérarchique qu'on réclame si impérieusement dans d'autres cas et dans d'autres temps. Si les foudres de Versailles étaient tombées seulement sur ma tête responsable, je ne m'en plaindrais pas, car le sentiment d'avoir accompli religieusement mon devoir me soutiendrait et me consolerait. Mais j'ai le cœur navré des misères que supportent aujourd'hui de malheureux pères de famille, plongés dans la gêne, qui ont perdu le fruit de 10, 15, 20 ans de travaux et de devoirs scrupuleusement accomplis, et qui sont aujourd'hui, eux et leurs familles, victimes de passions politiques auxquelles ils ne se sont jamais mêlés !

Je sentis immédiatement la gravité des faits qui s'accomplissaient, sans croire pourtant qu'il y aurait d'autre victime que moi ; je réunis aussitôt tout ce que j'avais de personnel sous la main, lui communiquai les ordres verbaux que je venais de recevoir, et engageai tous ces honnêtes employés, dans leur intérêt, dans celui de leurs familles, et pour ne pas perdre le fruit de leur labeur de toute la vie, à se conformer aux ordres qu'ils venaient de recevoir. Presque tous partirent le jour même pour Versailles. Je restai à mon poste pour prévenir les employés éloignés.

Le lendemain 7, jour du Vendredi-Saint, on vint me prévenir qu'il y avait une grande émotion de peuple à la Halle aux poissons, et que si la vente ne se faisait pas, on avait à craindre de grands malheurs et un pillage. En effet, le Vendredi-Saint, il faut de la marée à Paris ; c'est un ancien usage avec lequel il ne ferait pas bon de plaisanter. Mon devoir de citoyen et d'ami de l'ordre me prescrivait d'agir, quand même. J'organisai immédiatement la vente avec les quelques employés que je trouvai sous la main, et qui n'avaient encore pu partir, et la journée se passa paisiblement et sans troubles. Ils furent tous punis pour cet acte de civisme.

Le soir venu, je rentrai chez moi, harassé de fatigue, en proie aux plus sinistres pressentiments, et consterné de la responsabilité que le gouvernement de Versailles assumait sur ma tête. Ne voulant pas en être la victime innocente, j'écrivis la lettre suivante au *Rappel*, dont les colonnes ont été toujours ouvertes à ceux qui ont besoin d'être défendus :

> Monsieur le Rédacteur en chef,
>
> Pendant l'état de siége, j'ai été plus que personne à même d'apprécier les bons sentiments de cette admirable population de Paris ; aussi me suis-je dévoué corps et âme à son service.
>
> Investi de fonctions purement municipales, j'ai cru devoir, depuis la fratricide scission qui s'est opérée entre Versailles et Paris, continuer avec zèle et dévouement la tâche qui m'était imposée. Sans aucune instruction des chefs de ma Division, abandonné complétement à moi-même, avec une effrayante responsabilité, je n'ai pas tenu compte des difficultés ; m'appuyant sur le zèle et le dévouement de mes chefs de service et de tous leurs employés, j'ai poursuivi mon œuvre, si importante au point de vue de l'approvisionnement de Paris et des intérêts des expéditeurs français ou étrangers.
>
> Aujourd'hui, un ordre péremptoire de quitter leur service a été transmis verbalement et officiellement par mon Inspecteur général adjoint, à tout le personnel de l'Inspection générale.
>
> Une grande perturbation peut s'en suivre, et je me sens le besoin d'en décliner la responsabilité devant le pays, les intéressés et la ville de Paris dont j'ai défendu

les intérêts de toutes mes forces. Je laisse à qui de droit la responsabilité de cet acte, contre lequel je suis complétement impuissant, et je remercie la population tout entière du concours qu'elle a bien voulu me prêter dans les circonstances difficiles que nous traversons depuis plus de six mois.

Agréez, etc.

Cette lettre, renfermée aujourd'hui précieusement dans mon dossier à la Préfecture de police, dont elle est la principale pièce, m'a été plus tard vivement reprochée. Outre le crime de n'avoir pas voulu assumer les actes politiques de Versailles, on me reproche d'avoir *exposé les jours* de mon adjoint....

Je ferai d'abord observer qu'on a fait bon marché des miens, et qu'on s'est peu inquiété des dangers que je courais en ce moment, et de ceux dont j'ai failli être la victime plus tard. Quant à mon adjoint, c'est une véritable plaisanterie; tout le monde sait bien qu'il n'était pas question de lui, et que le jour même où il répéta les ordres qu'il venait de recevoir à tout le personnel rassemblé, il annonça qu'il partait *immédiatement* pour Chartres. Je connaissais assez son tempérament pour être parfaitement certain, quand je publiai cette lettre, qu'il était depuis longtemps à l'abri de tout danger (1).

Je venais à peine d'écrire cette lettre, quand on frappa brusquement à ma porte ; elle s'ouvrit, et un commissaire de police escorté de nombreux gardes-nationaux, baïonnettes au bout du fusil, firent irruption dans tout mon appartement. Je demandai de quoi il s'agissait ? Le commissaire déclina sa qualité, et exhiba un mandat d'amener. C'était Raoul Rigault qui me faisait arrêter.... En pareil cas, toutes observations et récriminations sont parfaitement inu-

---

(1) Quelques-uns de mes amis, au courant des usages administratifs qui ne permettent pas aux employés d'écrire dans les journaux, m'ont reproché cette lettre comme une MALADRESSE. Tout comme eux, je connais ces usages ; mais je ne voulais pas qu'un jour, un historien d'occasion vînt dire : « Tel jour, à telle heure, l'Inspecteur général des Halles et Marchés de Paris, oubliant ses devoirs et sa mission toute commerciale, par esprit de parti, a abandonné son poste avec tout son personnel ; il s'en est suivi un pillage, le sang a coulé ; pour rétablir l'ordre, l'autorité a été obligée de sévir ; on compte de nombreuses victimes, etc. » A chacun selon ses œuvres, et je veux mourir en paix avec ma conscience.

L'événement ne justifia pas mes prévisions et mes appréhensions, grâce à l'intervention de quelques employés et facteurs qui se dévouèrent pour le bien public, et furent plus tard cruellement punis de cet acte de civisme ; grâce aussi, il faut bien le dire, aux mesures sages et prudentes que prit la Commune.

tiles ; je le savais de vieille date, l'Empire m'avait habitué à ces aménités. Je me levai, pris mon chapeau, embrassai ma famille tout en larmes, et je partis le *cœur* plus *léger* que celui de M. Emile Ollivier, moins *serré* que celui de M. Jules Favre, — deux amours de cœur ! J'avais fait mon devoir, et j'étais en paix avec ma conscience.

Sur chaque marche d'escalier des gardes-nationaux ; devant la porte, toute une compagnie rangée en bataille, une foule énorme attendant de voir paraître le grand *criminel*. Un fiacre nous attendait; nous y montâmes, le commissaire de police, un officier et moi; chemin faisant, je demandai au premier pourquoi tout cet appareil militaire ? Celui-ci me répondit naïvement qu'on lui avait dit que j'étais un homme fort dangereux, d'une force herculéenne et d'une violence extrême: c'était absolument ridicule ! Je n'étais pas sans inquiétude ; j'avais ouï parler des otages, j'avais lu la fameuse affiche du talion: dent pour dent, œil pour œil, autrement dit, trois otages fusillés pour la mort d'un soldat de la Commune; ces souvenirs manquaient de gaîté.

Je ne croyais pourtant pas Rigault capable d'un pareil forfait, mais je le savais fanatique de son idée, et les fanatiques, en politique, en religion, voire même en amour, vont jusqu'au bout.

En arrivant, je demandai à *mon* commissaire, qui, du reste, s'était montré très-convenable, de vouloir bien me conduire tout droit au cabinet du citoyen délégué à l'ex-préfecture, (c'était ainsi qu'on désignait Rigault,) Il y consentit de bonne grâce ; j'espérais qu'une fois en sa présence, il ne persisterait pas dans son projet, et me relâcherait immédiatement. Je ne pus jamais pénétrer dans son cabinet fortement gardé par des gardes-nationaux ; je lui envoyai trois ou quatre messagers qui tous revinrent en disant, les uns qu'il n'y était pas, les autres qu'il était trop occupé pour me recevoir ; bref, après deux longues heures d'attente, je compris que je ne le verrais pas ce soir-là, et je suivis un certain individu se disant chargé de m'écrouer, et qui m'avait déjà à plusieurs reprises témoigné une vive impatience. Il me fit passer par les caves, me conduisit au greffe pour y subir les *agréables* opérations de la prise de possession d'un prisonnier.

Je reconnus le greffe, les galeries où sont rangées les cellules ; il y avait environ une année que j'avais passé par là, à l'occasion du procès de presse dont j'ai parlé plus haut. Je fus cependant surpris de me voir conduire dans la galerie réservée jadis aux femmes. J'ai su plus tard qu'on l'avait affectée aux prisonniers de choix, aux otages, — première catégorie des abattoirs de M. Raoul Rigault !

Je m'étendis tout habillé sur mon grabat et finis par m'endormir. Le lendemain, réveillé de bonne heure, je me procurai du papier, des plumes et de l'encre, et j'écrivis au terrible Préfet de la Commune pour demander une *audience.* Je n'en reçus jamais de réponse ; deux fois il permit à ma femme et à mon fils de venir me voir au parloir, mais il ne tarda pas à supprimer toute communication.

Soit par suite du rigoureux secret auquel j'étais soumis, soit par pressentiment, mes inquiétudes devinrent extrêmes. La canonnade était incessante ; pas une seule fois, je ne me déshabillai pour ne pas être pris au dépourvu. Un soir, je crois que c'était le quatrième ou le cinquième jour de ma détention, le bruit du canon devint formidable ; il me semblait même entendre distinctement le crépitement des mitrailleuses et de la fusillade. Assis au pied de mon lit, j'écoutais avidement, cherchant à m'orienter. Le bruit me semblait si rapproché, que j'en conclus que l'armée de Versailles avait franchi l'Arc-de-l'Etoile, et qu'on se battait avec acharnement sur la place de la Concorde. Je calculai alors combien il faudrait de temps à la troupe pour arriver à l'Hôtel-de-Ville, et en même temps à la Préfecture, et de quart d'heure en quart d'heure, je m'attendais à être fusillé sur place ou traîné avec les otages sur une barricade pour y être exposés aux premiers coups. Nuit d'angoisses, fantômes d'une imagination de prisonnier, qui se dissipent au jour et ne laissent qu'une cruelle fatigue. Se sentir pris comme un écureuil dans sa cage, sans une arme pour se défendre ! mourir seul et sans témoins, sous le couteau d'un assassin ! je sens encore courir dans mes veines la rage qui me transporta cette nuit là !

Enfin, le jour vint metttre fin à ces cruelles visions, on m'appela pour la promenade au préau ; je vis passer quelques prêtres à l'air bénin, mais un peu effarouché. Que sont-ils devenus ? Furent-ils parmi les victimes de la dernière heure ? La cellule de l'archevêque de Paris était en face de la mienne ; il venait d'être transféré dans la prison où il termina ses jours d'une manière si tragique. Au préau je trouvai quelques compagnons d'infortune : M. Durassier, commandant de la flotille, en grand uniforme, M. Cartelier, savant économiste ; un négociant, un grand industriel des Ternes, etc. On ne s'étonnera guère, à notre époque où la liberté individuelle compte pour si peu de chose, en apprenant qu'aucun d'entre nous ne connaissait les motifs de son arrestation. Qui saura jamais les mystères de cette sombre préfecture pendant ces jours néfastes !

Un soir, j'entendis quelque bruit ; il était minuit ; je courus à mon guichet dans lequel était pratiqué un trou pour la surveillance des prisonniers. J'y appliquai l'œil, et quelle ne fut pas ma surprise de voir défiler tout un pensionnat de jeunes filles, maîtresses en tête, conduites par un gardien. Les pauvres petites, dont la plus âgée n'avait certainement pas quinze ans, le nez en l'air, regardaient avec étonnement ces longues galeries à peine éclairées ; elles semblaient n'y rien comprendre. Elles passèrent comme une procession, deux par deux ; elles étaient bien trente ou quarante, et disparurent derrière une porte qui se trouvait juste en face de ma cellule. Qui pouvaient-elles être ? Pourquoi cette arrestation en masse ? Que sont-elles devenues ?

Le lendemain, j'essayai d'interroger adroitement mon gardien. Peine inutile ; il ne savait ou ne voulait rien savoir. Un jour, quelque chroniqueur nous racontera ces lugubres légendes, si elles ne sont pas enfouies à jamais dans les décombres de la Préfecture.

CHAPITRE XV

Une note du Rappel. — Infamie du journal l'Affranchi. — Rectification du National. — l'Avant-Garde. — Heures de prison. — Arthur Arnould. — Delescluze. — Vermorel. — Les prêtres otages. — Un juge d'instruction sous la Commune. — Une levée d'écrou.

Le 13 avril, le *Rappel* publiait l'étrange note qui suit :

M. Lucien Dubois, Inspecteur des Halles et Marchés, est détenu depuis deux jours au dépôt de la préfecture. Il est accusé d'avoir dissimulé une partie du stock de farine qui se trouve en magasin.

J'étais au secret le plus rigoureux, par conséquent j'ignorais cette stupide et injurieuse imputation. Mon fils, prévenu, envoya immédiatement au *Rappel* la rectification ci-dessous, que celui-ci inséra le lendemain :

Paris, 13 avril 1871.

Monsieur le Rédacteur du *Rappel*,

Vous annoncez dans votre numéro d'aujourd'hui que mon père, M. Lucien Dubois, Inspecteur général des Halles et Marchés de Paris, *est détenu depuis deux jours au dépôt de la préfecture de police, accusé d'avoir dissimulé une partie du stock de farine qui se trouve en magasin.*

Mon père, Monsieur le Rédacteur, a été arrêté vendredi 7, et jusqu'ici il ignore complétement les motifs de cette arrestation qui surprend tout le monde.

Quant à une prétendue dissimulation du stock de farines, c'est complétement absurde; ce stock n'entrant en aucune façon dans les attributions de sa charge, il incombe aux employés de la Ville, spécialement préposés à cette denrée.

J'espère, Monsieur le Rédacteur, que vous voudrez bien insérer cette rectification importante pour mon père.

Veuillez agréer, etc.

Ce n'est pas tout. Le *National* du 15 avril, enchérissant sur cette odieuse calomnie, publiait l'entrefilets suivant :

M. Lucien Dubois, Inspecteur général des Halles et Marchés, est détenu depuis plusieurs jours au dépôt de la préfecture de police.

Il est accusé d'avoir dissimulé une partie du stock de farine qui se trouve en magasin. En outre, les relations que M. Lucien Dubois avait nouées, alors qu'il était employé d'un ministère, sous l'Empire, relations qu'il aurait continué à entretenir, ne seraient pas étrangères, si nous sommes bien informés, à son arrestation......

Et pourtant j'avais des amis dans ces deux journaux !!! Par négligence, par précipitation, ils avaient laissé passer cet inintelligent et odieux coup de ciseaux, emprunté à un journal infâme, l'*Affranchi,* (je ne l'ai su que plus tard), rédigé par deux misérables : Paschal Grousset, ministre des affaires étrangères, et Vésinier, se qualifiant d'ancien secrétaire de notre célèbre romancier Eugène Sue.

Je n'ai jamais connu M. Paschal Grousset qui m'a laissé lâchement insulter et calomnier dans son journal ; aujourd'hui qu'il est cruellement frappé, (déportation) je lui pardonne l'injure adressée au prisonnier sans défense, qu'il exposait, sans motif aucun, aux dangers les plus graves, et dont il attaquait l'honneur avec la plus déplorable légèreté.

Quant à Vésinier « la racine de buis » comme l'appelait pittoresquement Rochefort, Vésinier, cet avorton tordu et bossu, au physique comme au moral, cette bête immonde qui sut se cacher à temps dans quelque trou de muraille, à l'heure du danger, et qui abandonna lâchement à la mort les victimes de ses provocations, je ne l'avais vu qu'une seule fois à un dîner républicain qui eut lieu à l'avenue de l'Impératrice, chez Ravel, dîner présidé par Emmanuel Arago, qui eut beaucoup de peine à contenir cet énergumène qui indignait tous les assistants par ses élucubrations malséantes et malsaines.

Tels étaient les hommes, dont les actes secrets seront un jour connus, qui osaient baver dans la presse sur un honnête républicain qui n'avait eu de commun avec l'Empire que leur haine réciproque, et les persécutions que ce régime lui avait fait endurer.

Le *National*, désolé de s'être laissé surprendre et salir par l'œuvre de ces infâmes qui poussèrent plus loin que je n'ai osé l'écrire, leurs turpitudes, publia immédiatement, avec toute la presse, la note suivante que j'emprunte à la vaillante *Avant-Garde* :

Une note diffamatoire avait été insérée dans plusieurs journaux contre M. Lucien Dubois, Inspecteur général des Halles et Marchés.

Ce citoyen, notre ancien confrère, avait rendu pendant toute la durée du siége et jusques à aujourd'hui, les plus grands services à la population de Paris. Aussi nous empressons-nous de reproduire la rectification du *National*, qui s'était laissé induire en erreur vis à vis d'un des vétérans de la démocratie, dont la loyauté et l'honorabilité sont au-dessus de toute atteinte.

M. Lucien Dubois vient d'être mis en liberté après quelques jours de détention.

L'*Affranchi* avait fait pressentir l'arrestation de cet honorable citoyen en publiant une note diffamatoire dont les antécédents de M. Lucien Dubois, ancien gérant du *Courrier français*, fondateur de la *Correspondance parisienne*, et plusieurs fois incarcéré sous l'Empire, — auraient dû le préserver.

Ce qu'il y a de vrai dans toute cette affaire, c'est que M. Lucien Dubois, arrêté sans motif et détenu arbitrairement, comme tant d'autres, a été relâché sans qu'il ait été possible de lui fournir aucune explication sur les sérieuses raisons qui auraient pu seules déterminer le citoyen Raoul Rigault à priver de sa liberté un républicain aussi sincère qu'éprouvé.

Dans cette note, si honorable pour moi, le *National* commettait deux petites erreurs de détail que je crois devoir pourtant relever ici, pour éviter une confusion. J'avais été *secrétaire de la rédaction du* COURRIER FRANÇAIS, et non *gérant ;* en outre j'avais fondé la *Correspondance générale de Paris*, connue aussi sous le nom de la *Correspondance rose* à cause de la couleur de son papier, et non la *Correspondance Parisienne*, fondée par M. Cahot, et qui figura dans les pièces saisies aux Tuileries et publiées en fascicules. La cause était entendue, comme on dit au palais, et je ne m'occupai plus de l'*Affranchi*, qui ne tarda pas à disparaître, écrasé sous le mépris public.

Jamais heures ne me parurent plus longues que celles de cette dernière détention ; les événements étaient si graves, que j'éprouvais les plus vives appréhensions au sujet de ma famille. D'anciens confrères, membres de la Commune, s'interposaient énergiquement entre Rigault et moi, et réclamaient vivement ma mise en jugement ou en liberté.

Mais ce dernier, sans vouloir déclarer les raisons qui le faisaient agir, s'acharnait comme un fanatique sur sa victime. Enfin, l'un d'eux, Arthur Arnould, avec lequel j'étais lié d'amitié, outré de ne pouvoir obtenir ce qu'il demandait avec les plus vives instances, ceignit un jour son écharpe de membre de la Commune, et, accompagné de ma famille, força la porte du cabinet de Rigault devenu inabordable pour tout le monde. Mis ainsi, sans être prévenu, en présence de la famille de son prisonnier, Rigault fut interdit ; il garda un instant un farouche silence, un nuage sombre passa sur sa figure, mais les bons sentiments reprenant le dessus, il se leva, s'avança avec bonne grâce, salua et dit : « Rassurez-vous, je ne veux pas de mal au citoyen Dubois que je connais depuis longtemps comme un parfait honnête homme. Il a eu la malencontreuse idée de communiquer à son personnel les ordres qu'il avait reçus de Versailles, et de laisser ses employés libres de s'y conformer. Il aurait dû, au contraire, user de son influence et de son autorité pour les contraindre à rester à leurs postes. »

Sur l'observation qui lui fut faite qu'en agissant ainsi, j'aurais manqué à mes devoirs, comme employé et honnête homme, il répliqua vivement: « C'est bien, c'est bien ; oui, il a agi en honnête homme, mais c'est un *trop* honnête homme. En ce moment il me gêne ;

j'ai de grandes modifications à introduire dans les services des Halles et Marchés; s'il était en liberté il pourrait me causer des embarras et même me susciter de grandes difficultés. Soyez tranquilles, du reste, ajouta-t-il en congédiant ses visiteurs, il ne lui arrivera aucun mal; dans deux jours je le mettrai en liberté. » Bien des jours, hélas! s'écoulèrent depuis cette promesse que Rigault oublia tout à fait.

Arthur Arnould était un honnête homme, un sincère républicain. Comme écrivain, c'était une plume fine, souvent railleuse, quelquefois emportée, mais toujours distinguée. Comme homme privé, irréprochable; comme ami, d'un dévouement sans borne; politiquement, je n'ai jamais compris, pas plus pour lui que pour Delescluze, comment il se laissa entraîner à faire partie de la Commune dont il connaissait, tout comme moi, certains éléments putrides et dissolvants. Il fut, du reste, le chef et l'instigateur de l'opposition des 21 qui, si elle eût triomphé, eût sans nul doute évité à Paris la terrible catastrophe des derniers jours.

Je suis bien convaincu qu'un faux point d'honneur, un amour mal entendu du bien public, l'empêchèrent seuls de donner sa démission. Je l'ai entendu maintes fois déplorer la voie dans laquelle certains meneurs voulaient entraîner la Commune; les comptes-rendus de ses séances sont là pour prouver qu'il fit tous ses efforts pour l'en détourner; les méfiances bien prononcées qu'il inspira à ses collègues, dans les derniers temps, attestent qu'il ne leur dissimula pas ses sentiments. Il était, dans tous les cas, incapable de s'associer aux actes dont aujourd'hui il partage fatalement la solidarité.

En congédiant ma famille, Raoul Rigault retint pendant quelques minutes Arthur Arnould, auquel il reprocha amèrement de l'avoir introduite dans son cabinet sans l'avoir prévenu préalablement; il lui déclara que jamais il ne lui pardonnerait cet acte, et qu'il s'en souviendrait à l'occasion. Aujourd'hui que les événements se sont accomplis, je suis bien persuadé que ce malheureux Arnould aurait tôt ou tard payé cher son dévouement à mes intérêts. Si jamais ces quelques lignes lui parviennent sur la terre d'exil, qu'il reçoive encore l'expression de ma vive et profonde reconnaissance.

Je dois aussi un témoignage de gratitude à MM. Delescluze et Vermorel, hélas! morts aujourd'hui ; tous deux prirent une part active aux démarches faites par Arthur Arnould pour me rendre à la liberté, et exercèrent une véritable pression sur la volonté de Rigault qui était devenu inflexible.

J'avais connu M. Delescluze à Sainte-Pélagie, où il était aussi détenu pour délit de presse. Il y avait deux hommes en M. Delescluze : l'homme politique et l'homme privé. Sur la politique, il était intraitable; son ton bref, sec, cassant, ne permettait guère la discussion. Ayant souffert toute sa vie, il en avait contracté une certaine aigreur que j'appellerai « politique. »

Imbu d'idées fortement arrêtées, et qu'il défendait *mordicus*, les contradictions l'agaçaient, le crispaient, pour ainsi dire, et il ne dissimulait pas à ses interlocuteurs la vivacité de ses impressions, ce qui lui suscita beaucoup d'ennemis.

Tout républicain sincère, dévoué qu'il était, — et certes. il a fait ses preuves, — M. Delescluze était en politique absolu, despote même;

ses idées seules devaient prédominer ; aussi dans les longues promenades que j'ai faites avec lui au préau de la prison, j'étais toujours sur les épines quand la conversation tournait à la politique, et je faisais les plus pénibles efforts pour en changer le sujet. Aussi ceux qui n'ont connu M. Delescluze que sous le rapport politique, seront bien étonnés d'apprendre que dans la vie privée, il était bon, doux et fort sympathique.

Toujours prêt à rendre service, je l'ai vu aider de sa bourse et de ses conseils paternels nombre de jeunes gens qui débutaient dans la vie ; je l'ai vu au chevet des malades, les soignant avec une sollicitude qui ne se lassait jamais, et des délicatesses toutes féminines. Autant ses actes politiques ont eu de retentissement, autant ses bonnes œuvres ont été enfouies dans le mystère. Laissons couler une larme sur la tombe de l'homme de bien.

Quant à Vermorel, qui intercéda aussi généreusement auprès de Rigault, malgré quelques dissentiments assez vifs que nous avions eus ensemble, il m'était beaucoup plus connu que Delescluze. J'avais été son collaborateur au *Courrier français*, avec Georges Duchêne, Tolain, Sol, Jacquot, Siebecker, Robert Halt, Rampont, Louis Dager, Hector Malot, etc. ; nous commençâmes courageusement cette campagne contre les hommes de l'Empire, que continua Rochefort dans sa spirituelle *Lanterne*, et qui aboutit à la révolution toute pacifique du 4 septembre ; les hommes que nous avions attaqués et démasqués, un instant confus, ne tardèrent pas à relever la tête ; aujourd'hui ils sont partout et tout-puissants.

Plus tard, nous fondâmes la *Correspondance générale de Paris*, qu'il m'abandonna après quelques mois de collaboration, et qui ne cessa de paraître qu'à l'investissement de Paris par les Prussiens.

Des bruits calomnieux ont couru sur le compte de Vermorel, et ont empoisonné ses derniers jours ; moi, qui ne l'ai pas perdu un seul jour de vue pendant toute cette période, je dois déclarer, en mon âme et conscience, que même à l'heure qu'il est, je ne crois pas un mot de ces calomnies répandues par des ennemis acharnés à sa perte. Un homme vendu ne peut pas dissimuler tous les jours et pendant de longues années son existence ; un jour ou un autre, le prix du marché résonne à l'oreille ou brille au regard. J'ai toujours vu M. Vermorel vivre de la vie la plus simple, la plupart du temps avec sa vieille mère ; je ne l'ai jamais vu faire de dépenses extraordinaires, et plus d'une fois la misère frappa à sa porte.

Le peu qui lui revenait de son père, la fortune de sa mère, en partie, ont servi à tenir les engagements qu'il avait contractés pour le *Courrier français*.

Enfin, pour achever de peindre son désintéressement et son caractère si souvent suspectés, je raconterai le trait suivant, que très-peu de personnes ont connu. Un jour que Vermorel faisait une de ses longues stations politiques à Sainte-Pélagie, il reçut la visite d'un personnage bien connu chargé par un ministre de l'Empire d'une mission fort délicate.

Après mille circonlocutions, le *tentateur* lui proposa tout net : cent mille francs pour payer les dettes du *Courrier français*, cent mille francs pour le faire aller, et une candidature à la députation....

J'arrivai juste à temps pour entendre sa réponse : « Dites à M. X... qu'il met le comble à ses persécutions en me faisant ainsi odieusement insulter.... Je vaux mieux que la réputation que mes ennemis m'ont faite. »

L'intermédiaire parti, il me raconta avec émotion ce qu'on venait de lui proposer. Il ne m'en reparla jamais depuis. Son caractère brusque, emporté, frisant l'impertinence par le sourire sardonique qui accompagnait presque toujours ses violentes sorties, lui ont créé une foule d'ennemis. Ses attaques contre les personnes frappaient fort et juste quelquefois, l'avenir le prouvera; elles l'avaient rendu la bête noire de tous les hommes en place. Je conviens qu'il dépassa souvent le but, et qu'emporté par le démon de critique qui faisait agir sa plume, il manqua parfois de modération, voire même de justice; mais sa fin tragique, si triste et si douloureuse, sera dans tous les cas une expiation de ses erreurs, de ses fautes, et du mal qu'il aura pu causer, involontairement je l'affirme. Travailleur infatigable, sa plume mordante dévorait le papier; écrivain distingué, journaliste d'un grand talent, fort apprécié de M. Emile de Girardin, le grand publiciste de notre époque, qui s'y connaît,

M. Vermorel laissera une longue trace dans les souvenirs politiques de notre temps.

Les jours s'écoulaient péniblement ; les vagues rumeurs qui me parvenaient du dehors étaient peu faites pour me rassurer ; de temps en temps on enlevait de sa cellule un des nombreux prêtres emprisonnés dans la même galerie que moi. Les mettait-on en liberté, ou les conduisait-on dans une prison plus sévère encore ? Mystère ! Un détail qui paraîtra puéril, m'avait frappé, — les prisonniers observent tout. Il est d'usage, dans les prisons de Paris, de vendre aux détenus une cuiller et une fourchette de buis, ainsi qu'un couteau, dit *eustache*, dont on brise la pointe avant de le leur *confier*. Je ne pus obtenir cette faveur au dépôt de la Préfecture ; de sorte qu'il fallait rompre avec les doigts son pain, et manger de même ses aliments, quelque liquides qu'ils fussent ! Il faut avoir passé par là pour comprendre ce qu'il y a d'agaçant dans la privation d'ustensiles de première nécessité, n'ayant rien sous la main pour les remplacer, pas même les baguettes chinoises. Rigault avait pourtant fait un long stage dans les prisons... Mais il s'occupait de bien autres choses.

J'attendais avec impatience qu'on voulût bien m'interroger. Enfin, un jour, on me fit descendre dans le grand vestibule où donnait le greffe, et un gardien me dit d'attendre quelques instants, que M. le juge d'instruction ne tarderait pas à rentrer. Je n'étais pas pressé, comme bien on le pense, et me mis à causer avec les gardiens. Enfin, M. le juge d'instruction entra, un portefeuille sous le bras. Un gardien déclina mon nom. Ce Monsieur chercha dans ses innombrables papiers, en murmurant les noms inscrits sur chacun d'eux. Il en sortit enfin un, en disant à haute voix : Auguste Dubois. — Pardon, Monsieur, lui dis-je, ce n'est pas là mon prénom ; je me nomme Lucien Dubois. — Ce n'est pas vous alors. — Probablement. — C'est égal, puisque vous êtes là, *je profiterai de l'occasion*, et vais vous interroger tout de même. — Je ne demande pas mieux. Là-dessus, il me fit entrer dans un cabinet de plain-pied.

Après m'avoir demandé mes nom et prénoms : — Votre profession ? me dit-il. — Inspecteur général des Halles et Marchés. Ici une pause, pendant laquelle je l'examinai attentivement : il me semblait reconnaître cet individu. — N'avez-vous pas été journaliste? Ce fut pour moi un trait de lumière: — Oui Monsieur, lui dis-je, et j'ai eu le plaisir de vous voir plusieurs fois au *Courrier francais* dont j'étais un des collaborateurs. C'était en effet un industriel de la rue de***, bien connu dans le monde des affaires.

Le magistrat voulut bien disparaître devant ce souvenir ; nous causâmes de choses diverses, surtout du passé, et après m'avoir fait raconter mon épopée, il me promit de faire intervenir le citoyen Protot, délégué à la justice, pour faire lever mon écrou, et je rentrai dans ma cellule.

Après neuf jours de détention, au secret, le directeur de la prison me fit appeler dans son cabinet, et m'annonça que j'étais libre !!! Je lui demandai un certificat qui attestât mon passage dans sa maison. Il me répondit « que ce n'était pas l'usage. » J'insistai assez vivement ; après quelques hésitations, il me remit un certificat de mise en liberté *imprimé*, dont il remplit les vides. Arrivé à ces mots « entré en cette maison en vertu de... », il les biffa, de sorte que ma curiosité ne fut point satisfaite, et que j'ignore encore aujourd'hui les motifs *réels* qui me valurent cette détention arbitraire.

Rigault me fit prévenir par un de ses nombreux agents qu'il m'interdisait l'approche des Halles, que je devais rester le plus possible chez moi, et ne pas tenter surtout de me rendre à Versailles sous peine d'être incarcéré de nouveau. Je compris que la menace était sérieuse, car chaque fois que je sortais, je trouvais des agents devant ma porte : un et quelquefois deux se détachaient et me *filaient* avec la maladresse ordinaire de ces messieurs. Je n'avais, du reste, pas la moindre envie de visiter mes Halles, craignant qu'on ne m'attribuât l'agitation qui y régna après mon départ, et qui faillit dégénérer en troubles sérieux. Quant à me rendre à Versailles, je n'avais autre chose à y faire que d'y toucher mes appointements ; je pouvais attendre, il était donc inutile de m'exposer à une catastrophe imminente. Je m'applaudis aujourd'hui de ma réserve, car j'eusse très-certainement partagé le sort de l'archevêque de Paris, du curé de la Madeleine et de ce cher et regretté confrère Chaudey, massacrés peu de temps après ma sortie. Je me renfermai donc chez moi, et attendis, non sans angoisses, les événements qui ne tardèrent pas à surgir.

CHAPITRE XVI

Catastrophe de Paris. — La bataille. — La Halle au blé est sur le point de sauter. — Le maire provisoire du Ier arrondissement. — Bombardement de l'église Saint-Eustache et des Halles. — Un chef de Division. — Sympathies du commerce. — Lettre au général Valentin. — Révocations de nombreux employés. — Visite au Préfet. — Scène étrange. — Un courageux entrefilets de la Cloche. — Élections du 2 juillet. — Conclusion.

Tout le monde connaît cette épouvantable catastrophe où les frères d'une même nation, des pères, des fils, des amis s'égorgèrent pendant plus de huit jours avec un acharnement indescriptible, et qui saisit d'horreur encore aujourd'hui les survivants de cette tuerie. Des milliers de cadavres attestèrent la rage des combattants.

Paris fut couvert de ruines et d'incendies. Hélas ! pourquoi cette fureur de destruction ne se tourna-t-elle pas contre l'ennemi de la patrie, qui, du haut de nos forts, devenus pour lui des gradins, contemplait avec des cris de joie sauvage les sanglantes déchirures que se faisaient dans l'arène ces lions enragés, enfants d'une même patrie !

Pendant deux jours et deux nuits, on se battit avec un tel acharnement dans ma rue que je ne pus, malgré ma bonne volonté, regagner mon poste. Enfin, je parvins, non sans danger, à la Halle au blé.

La lutte, de ce côté-là, était loin d'être finie. Les fédérés, retranchés dans le cimetière du Père-Lachaise et sur les Buttes Chaumont, faisaient pleuvoir une grêle d'obus sur les Halles et l'église Saint-Eustache, qui leur servait de point de mire.

En arrivant, je trouvai la Halle au blé occupée militairement par les troupes de Versailles. J'eus beaucoup de peine à y pénétrer ; il fallut les affirmations répétées de quelques forts et de leur syndic, courageusement restés à leur poste, que j'étais bien l'Inspecteur général, pour que l'officier de garde consentit à me laisser pénétrer dans mes bureaux que je trouvai tout grands ouverts, avec des traces de scellés arrachés. Les soldats les avaient enlevés pour faire des perquisitions, et s'assurer que des insurgés ne s'y étaient pas cachés. Au rez-de-chaussée, il y avait de nombreux prisonniers, hommes et femmes ; les malheureux avaient l'air fort abattus, et faisaient pitié à voir.

J'appris qu'il y avait là une certaine quantité de poudre, suffisante pour faire sauter tout le quartier ; il n'y avait pas une minute à perdre, car les obus tombaient comme grêle. J'écrivis, comme je l'avais fait la veille pour le prévenir de la reprise de mes fonctions, à M. le général Valentin, préfet de police, pour qu'il prît de promptes mesures, ainsi qu'au commandant de la 1re légion ; ces trois lettres restèrent sans réponse. Le danger devenait imminent ; les obus continuaient à siffler, deux personnes étaient tombées à quelques pas de moi ; qu'un projectile vînt à atteindre un des tonneaux de poudre, et c'en était fait de la Halle, de son approvisionnement et de toutes les maisons voisines ! J'envoyai alors une estafette à M. le Maire du Ier arrondissement, pour qu'il m'expédiât de suite un chariot et des hommes.

Cette fois j'obtins un résultat. M. Adolphe Adam, qui remplissait alors les fonctions de Maire, m'envoya immédiatement ce que je lui demandais, et mes forts, qui ne reculaient devant aucune mission périlleuse, chargèrent sur le chariot trois tonneaux et un grand sac de poudre. Le plus grand danger était conjuré ; il ne restait plus que les obus.

Pendant cinq grands jours, je ne quittai pas mon poste avec mes forts et quelques marchands des halles, qui affrontèrent avec nous les projectiles pour veiller aux approvisionnements et à la sécurité publique. Pendant ces cinq jours nous ne reçûmes ni renforts ni direction quelconque ; nous fûmes complétement livrés à nous mêmes, les soldats de garde étant partis dès le second jour.

Sans ordres, sans chefs, j'assumais une grave responsabilité. Pour la mettre à couvert autant que possible, j'écrivis de nouveau au Maire du 1er arrondissement, la seule autorité à laquelle je pusse m'adresser en l'absence de l'autorité hiérarchique, afin qu'il organisât un service provisoire pour protéger les approvisionnements, et qu'il fît distribuer des brassards à mes forts qui n'osaient plus sortir, de crainte d'être arrêtés. M. le Maire me répondit par la lettre ci-jointe :

25 mai 1871.

Monsieur,

J'ai l'honneur de vous faire savoir que je tiendrai à votre disposition les brassards que vous me demandez ; mais quant à l'organisation du service dont vous me parlez, je dois vous faire connaître que cela regarde MM. Jules Ferry et Pelletier, qui se sont établis au ministère des Affaires étrangères. C'est donc à eux que je vous engage à vous adresser pour cet objet sérieux.

Agréez, etc.

Adolphe ADAM.

Je suivis cet avis, et, sur mes informations, ces Messieurs prirent les mesures nécessaires.

Le sixième jour, avis me fut donné officieusement par l'un de mes employés que le chef de la Division était de retour à son poste, et recevrait ses chefs de service. Je m'empressai d'aller le rejoindre. En arrivant, il m'annonça, non sans quelque embarras, que j'étais révoqué *depuis longtemps*. — Depuis quand ? — Les premiers jours d'avril. — Ah! j'étais alors sous les verrous de la Commune... Pourquoi suis-je révoqué? — Je ne le sais pas, cela ne s'est pas fait administrativement. — Pardon, Monsieur, a-t-on quelque reproche à m'adresser au point de vue administratif? — Nullement ; nous n'avons rien à vous reprocher, vous avez constamment rempli vos devoirs dans des circonstances bien difficiles. — Alors.... c'est parce que je suis républicain ; permettez-moi dans ce cas de vous faire observer que ce n'est pas d'une bonne politique d'éloigner les républicains sincères, qui n'ont trempé dans aucun méfait. Il serait plus sage, en se les rattachant, de prouver que la République, car nous sommes en République, si je ne me trompe, sait faire une distinction entre ses enfants, et qu'elle ne les traite pas tous en coupables. Je saluai et me retirai.

Je reçus les marques des plus vives sympathies de tout le commerce d'alimentation, de mes employés, de la presse, et d'une foule de gens qui m'étaient tout-à-fait inconnus. C'était pour moi une ample compensation à la mesure inqualifiable qu'on avait prise contre moi ; mais elle ne suffisait pas à mes amis qui exigèrent, pour ainsi dire, que j'écrivisse au Préfet, M. le général Valentin. Pour leur être agréable, je le fis en ces termes :

Monsieur le Préfet,

J'apprends à l'instant par M. Baube, mon chef de Division, que j'ai été révoqué de mes fonctions d'Inspecteur général des Halles et Marchés de Paris.

Depuis que je suis en fonctions, j'ai passé des temps fort difficiles, et suis parvenu, au milieu des horreurs du siége, à maintenir l'ordre dans mes Halles et Marchés, sans mesures de rigueur, et bien souvent au péril de mes jours.

Après le 18 mars, sans ordres et sans instructions de mes chefs, je suis resté à mon poste comme une sentinelle perdue, soutenu par l'idée que je remplissais l'ordre tacite de mes chefs, et que j'accomplissais un devoir vis à vis d'une population inoffensive, défendant en outre les intérêts d'expéditeurs de la province et de l'étranger, qui comptaient absolument sur l'honorabilité de notre administration pour sauvegarder leurs intérêts, et ne pas laisser livrer au pillage leurs marchandises et leur fortune.

Aussitôt que des ordres positifs, quoique verbaux, me parvinrent de Versailles, lesquels enjoignaient à mon personnel de cesser ses fonctions, je le réunis, lui exposai les ordres que j'avais reçus, et les sentiments qui devaient les rallier à une administration qu'ils servaient depuis longues années, sentiments qui devaient même au besoin primer leurs opinions politiques.

A peu près tous abandonnèrent leur service; je restai personnellement à mon poste, pour signifier aux employés éloignés les ordres que j'avais reçus.

La Commune, informée de mes actes et déjà mal disposée par des scènes terribles que j'avais eues avec elle précédemment, pour l'empêcher de s'immiscer en aucune façon dans les affaires de mon administration, donna l'ordre de m'arrêter; ce qui fut fait avec un grand appareil; on me mit au secret le plus rigoureux pendant neuf jours.

Mis en liberté avec de grandes difficultés, je reçus l'ordre péremptoire de rester chez moi, et de ne faire aucune tentative pour me rendre à Versailles, sous peine d'être réintégré en prison, et de subir le sort des malheureuses victimes qui viennent d'être égorgées.

A la première heure du rétablissement de l'ordre, ignorant ma révocation, je suis allé reprendre mes fonctions au milieu d'une grêle d'obus qui ont tué plusieurs personnes à mes côtés. J'ai eu encore le bonheur, grâce au concours de M. le Maire du Ier arrondissement, de faire évacuer de la Halle au blé, de nombreuses armes et munitions de guerre, — trois tonneaux et un grand sac de cartouches, — qui, s'ils avaient été atteints par les projectiles qui tombaient incessamment, auraient pu faire sauter la Halle au blé avec un approvisionnement de farine et de grains considérable.

J'ai cru devoir, Monsieur le Préfet, vous envoyer cet exposé de ma conduite, dans la crainte que votre religion n'ait été surprise, et que vous confirmiez la révocation d'un employé qui, de l'aveu de ses chefs et de toute la population honnête de Paris, a rempli religieusement ses pénibles fonctions.

Une simple enquête au besoin confirmerait tous ces faits.

Veuillez, etc.

Me voici arrivé presque à la fin de ce récit que j'ai entrepris dans le double but d'apporter ma pierre à l'édifice que construiront plus tard les historiens autorisés, et de disculper les employés de mon administration, frappés cruellement par des révocations imméritées qui ont jeté un grand nombre d'entre eux dans la plus profonde misère, et les ont frustrés de la récompense due à de longs et loyaux services, mesure d'autant plus incompréhensible que, dans d'autres services, des employés absolument dans le même cas que les miens, ont reçu des félicitations pour être restés fidèlement à leur poste: même des *gratifications* et des *médailles d'honneur*.

J'avoue ne rien comprendre à ces subtiles distinctions dans les services, et je trouve qu'il n'est pas moins méritoire d'avoir sauvegardé l'approvisionnement de l'Etat que ses finances ou ses recettes.

Le temps nous donnera le mot de ces énigmes, et le récit suivant, quoiqu'il me soit personnel, expliquera les sentiments qui faisaient agir, dès cette époque, les maîtres de Paris.

Mes amis, encore plus étonnés que moi de ce que je n'avais reçu aucune réponse à mes lettres, notamment à celle adressée à M. le général Valentin, dans laquelle je lui racontais brièvement mes faits et gestes depuis ma nomination, m'engagèrent vivement à la refaire, et l'un d'eux vint me chercher pour me conduire à Versailles. J'y consentis, un peu pour les satisfaire, un peu par curiosité, mais sans le moindre espoir d'obtenir justice ; je savais que les réactions sont impitoyables et aveugles, qu'elles jugent et condamnent sur des apparences : pis que cela, sur de lâches dénonciations. Il ne manquait pas de gens avides de ma succession, et j'en connaissais plusieurs prêts à toutes les infamies pour s'en emparer. Nous partîmes, et M. X***, qui est homme de précaution et un peu stratégiste, en qualité d'ancien militaire, ne négligea pas les renforts de recommandations, si utiles en pareils cas. Il alla donc trouver un ancien camarade, M.

Barthélemy de Saint-Hilaire. Celui-ci déclara avec une grande franchise, que la position qu'il se trouvait occuper auprès de M. Thiers ne lui permettait justement pas de recommander qui que ce soit, fût-ce même son père.

Mon ami s'inclina devant cette rigueur de principes, et demanda néanmoins une simple lettre d'introduction pour le général Valentin, qu'il ne connaissait pas, ce qui lui fut immédiatement et gracieusement accordé.

Arrivés à la Préfecture, M. X*** fit passer sa lettre d'introduction ; une minute après, l'huissier l'appelait *seul* dans le cabinet de M. le Préfet. Dix minutes s'étaient à peine écoulées qu'il en ressortait, satisfait de l'accueil personnel qui lui avait été fait ; de moi il avait été peu ou peut-être même pas du tout question. Il lui avait pourtant remis en main propre la copie de ma lettre : c'est tout ce que je désirais.

Après mon retour, j'attendis paisiblement les résultats de cette démarche. Ils ne vinrent pas. Mes amis, dans mon intérêt personnel, me sollicitaient vivement d'aller voir moi-même le Préfet. Leurs raisonnements me paraissaient pleins de logique et de bon sens, et se résumaient tous par ce proverbe : « Il vaut mieux avoir affaire au bon Dieu qu'à ses saints. »

J'éprouvais une indéfinissable répugnance à céder à leurs arguments auxquels je répondais que, dans ce cas, le bon Dieu me paraissait être celui des Écritures, « fort et jaloux. » En outre, je ne suis pas solliciteur de nature, et la révocation aveugle dont j'étais la victime, me froissait jusqu'au fond du cœur. J'avais beau me répéter que mes fonctions étaient purement municipales, en aucune façon politiques, et que je pouvais me renfermer dans ce cercle comme par le passé, être encore utile au pays, etc., je ne pouvais oublier qu'on les avait justement déflorées à ce point de vue, en voulant en faire un instrument de politique, ce que je ne comprenais pas. Bref, j'hésitai longtemps à me présenter à mon chef hiérarchique pour réclamer ce qui me paraissait être mon droit.

Enfin je cédai, et roulai du côté de Versailles, avec le secret espoir qu'un bon coup de tampon viendrait me jeter sur la voie à mi-chemin ! J'arrivai sain et sauf, fis passer ma carte au général, et immédiatement je fus introduit. M. Valentin a cette grande qualité chez un chef supérieur, de ne pas faire faire antichambre. Comment décrire cette entrevue où je fus reçu plus militairement que civilement, cette scène d'où je sortis tout meurtri moralement, et peu s'en fallut matériellement ? Aux premiers mots que je prononçai, le général jeta sur moi un regard qui me rappela celui qui jadis dut accueillir Victor Noir venant demander une explication à Pierre Bonaparte. J'avais été habitué sous les prédécesseurs de ce nouveau Préfet, MM. de Kératry, Adam et Cresson, aux formes les plus polies et les plus bienveillantes, à cette distinction de manières qui est ordinairement l'apanage des hommes chargés d'une aussi haute mission. Que les temps étaient changés ! je ne retrouvais plus à la place, que le tranchant et le froid glacial d'un sabre inconscient, la parole dure, brève, cassante, d'un chef de gendarmerie habitué à la plus passive obéissance, et n'acceptant ni protestation, ni discussion, ni raisonnement. Dussé-je vivre cent ans, je n'oublierai jamais ces propos dits avec les accents de la fureur : — Je ne me trompe jamais *Môssieu*! Je ne reviens jamais sur ce que j'ai décidé *Môssieu*! La scène faillit tourner au tragique quand, sur l'observation que je lui fis à propos de l'avis concernant les employés en date du 29 mars 1871 (1) inséré à l'Officiel de Versailles que nous ne l'avions connu, ni mes employés, ni moi, il me dit du ton de pitié méprisante d'un supérieur trouvant en défaut son inférieur : « Comment, Monsieur, vous prétendez n'avoir pas connu ce décret, et vous faites de la police..... Je me levai indigné, et comme mu par un ressort, d'un ton animé : « Monsieur le Préfet, lui dis-je, je remplis des fonctions absolument municipales, je ne fais pas de la police.... » Aveuglé par la colère, et perdant toute mesure, il s'avança sur moi furieux, et d'une voix saccadée : — Ah ! Monsieur ! vous ne faites pas de la police !... Eh bien ! moi, j'en fais de la police, je m'en vante, je m'en flatte,

---

(1) J'en eus connaissance seulement en juin 1871, par un ordre de révocation adressé à l'un de mes employés ; il était ausi conçu :
« Les employés de la ville de Paris, qui ne se sont pas rendus
» à Versailles, ne peuvent, sous aucun prétexte, prêter leur con-
» cours au pouvoir non reconnu par la loi. En face d'une admi-
« nistration irrégulière, le devoir est tout tracé. Les fonctionnaires
» et employés de tout ordre doivent s'abstenir ; ceux qui continue-
» raient leurs fonctions se rendraient coupables de forfaiture, et
» seraient immédiatement frappés de révocation. »

je m'en fais gloire, j'en suis fier, moi de faire de la police.... Je le regardai avec étonnement, et reprenant tout mon sang-froid : — Monsieur le Préfet, lui dis-je, vous faites de la police et vous êtes bien informé, rien de plus naturel. Mais moi, comme je viens de vous le dire, je n'en fais pas, de la police ; par conséquent, je ne suis pas informé. J'ai l'honneur de vous présenter mes respects ; je saluai, et me retirai très-ému, comme on peut bien le penser.(1)

(1) Bien d'autres que moi eurent à subir les emportements de M. le général Valentin ; je lis dans LA CLOCHE du 18 juillet 1871, sous la rubrique LE GÉNÉRAL VALENTIN : « Les élections du
» 2 juillet n'ont pas pu être préparées par la discussion publique,
» et celles du 23 ne le seront pas davantage. Nous vivons tou-
» jours sous l'état de siége, et nous en subissons les rigueurs les
» moins compatibles avec la situation politique.
» M. Frédéric Morin, qui se porte candidat aux élections muni-
» cipales dans le 5e arrondissement, a été trouver M. le Préfet de
» police et lui a demandé l'autorisation d'ouvrir une réunion pu-
» blique. M. Valentin a répondu sèchement qu'il ne les autorise-
» rait pas. M. Morin voulait présenter quelques considérations ; le
» militaire a répondu qu'IL NE VOULAIT PAS D'OBSERVATIONS ;
» que, d'ailleurs, IL AVAIT AUTRE CHOSE A FAIRE. — Les élec-
» teurs s'entendront comme ils pourront. »
Ce préfet à poigne, qui ne supportait pas la moindre observation, était frappé d'une idée fixe ; avec lui tout le monde était COMMUNEUX, les deux millions d'habitants de Paris qui étaient restés paisiblement dans leurs foyers sous le gouvernement de la

En me dirigeant vers la gare, il me semblait à chaque instant sentir la main d'un argousin s'appesantir sur mon épaule, et me crier à l'oreille : « Je vous arrête ! » Chemin faisant, je rencontrai Louis Ulbach, le rédacteur en chef de *la Cloche*, auquel je racontai, encore tout émotionné, la scène qui venait d'avoir lieu, et

Commune, — tous communeux, sans exception ; à ce propos le PEUPLE SOUVERAIN racontait l'anecdote suivante :

« Il y a quelques jours, une dame allait auprès de M. Valentin
» réclamer contre l'arrestation de son mari, arrêté comme ayant
» été affilié à la commune. Elle remettait à M. Valentin une lettre
» de recommandation, écrite par une personne des plus honora-
» bles, et une autre dont le signataire était l'un des membres ac-
» tuels du cabinet. — Votre Monsieur, je ne veux pas le connaî-
» tre ; quant à votre Excellence, elle est comme..... comme..... DE
» LA BANDE AUX COMMUNEUX. » Voilà la réponse qui aurait été faite brusquement, pour ne pas dire brutalement, par l'ex-préfet.

On pourrait citer des traits nombreux de cette monomanie, de cette aberration du général Valentin, qui le poussa à faire d'innombrables victimes ; mais il faut convenir qu'il n'était pas le seul de son avis. Un grand nombre d'employés de mairies étaient restés à leurs postes pendant la Commune. Après le rétablissement de l'ordre, et la réinstallation des anciennes municipalités, la plupart des Maires rentrés en fonctions ont très-vivement félicité ces employés, et c'était justice, car en somme ils avaient risqué leur tête ; mais certains autres interprêtèrent d'une autre façon leur dévouement, et les ont renvoyés.

Selon le principe de ces derniers, quiconque n'a pas fui devant la Commune à manqué à ses devoirs ; il semblerait, au contraire, que si personne n'avait fui, ce qui est arrivé n'aurait pas eu lieu.

les craintes que j'éprouvais pour ma sûreté personnelle ; il me rassura de son mieux, et me témoigna ses sincères regrets de me voir ainsi méconnu. Je gagnai la gare, heureux d'avoir rencontré une figure amie au milieu de cette foule de gendarmes, de sergents de ville et de mouchards, dont la ville de Versailles était alors émaillée.

Le lendemain, *la Cloche*, qui ne recule jamais quand il s'agit de signaler une injustice ou de défendre un ami en péril, faisant paraître le courageux entrefilets suivant, que reproduisirent avec non moins de fermeté une foule de journaux, *le Siècle*, *le National*, etc.

Nous avons le regret de signaler une injustice flagrante.

M. Lucien Dubois, Inspecteur des Halles et Marchés est révoqué.

Ce n'est pas sans doute pour avoir, pendant le siège de Paris, veillé avec un soin jaloux sur les approvisionnements des Halles.

Ce n'est pas pour avoir montré de la fermeté et de la persuasion, quand des mouvements populaires agitaient ces quartiers.

Ce n'est pas pour avoir, au péril de sa vie, tenu tête à la Commune, pour avoir été emprisonné et mis au secret pendant 9 jours par les bandits de la Préfecture de police.

Ce n'est pas pour avoir préservé la Halle au blé d'un effroyable incendie, et le quartier de la dévastation.

Non, c'est parce qu'il a été calomnié, sans doute, et dénoncé faussement.

Ce temps est propice à ces lâchetés.

Nous recommandons à M. Léon Say le fonctionnaire honnête qu'une destitution brutale et imméritée vient de frapper.

C'est à la Préfecture de la Seine (1) à réparer les torts de la Préfecture de police.

Deux mois après ma révocation, je fus remplacé dans mes fonctions, sans obtenir la moindre marque d'intérêt ou de reconnaissance ; on ne daigna pas même me signifier ma révocation par une simple lettre, comme il est d'usage, et comme cela eut lieu pour les employés les plus subalternes. Je me suis expliqué plus tard cette omission, singulière au point de vue administratif, par ce fait : que les lettres de révocation, toutes identiques, après avoir mentionné l'arrêté de M. Thiers du 29 mars 1871,

---

(1) La Préfecture de la Seine n'avait pas à réparer les ERREURS de la Préfecture de police ; elle n'aurait pu que m'accorder quelque faveur que je ne recherchais en aucune façon ; aussi ne s'occupa-t-elle pas plus des erreurs de la Préfecture de Police que celle-ci ne chercha à les faire oublier en me rendant justice.

contenaient invariablement ce cliché : « attendu qu'il résulte de documents trouvés dans les bureaux (1) que le sieur X... employé, etc., *a prêté son concours à l'insurrection*, etc. » Comme j'étais sous les verroux de la Commune lors de ma révocation, il eut fallu changer ce texte pour moi, et la rédaction d'un nouveau qui me fût applicable, eût été fort difficile, j'en conviens. — J'ai dit plus haut que ma retraite fut accompagnée de sympathies et de regrets que je n'oublierai jamais. Le commerce voulut faire une pétition en masse pour demander ma réintégration ; je refusai, fatigué moralement et matériellement des luttes et des travaux auxquels je venais de me livrer. — Mes amis connus et inconnus ne se lassèrent pas dans leurs bons sentiments pour moi, et aux élections du 2 juillet, ils proposèrent ma candidature. Informé à temps de leurs bonnes intentions, que je ne pouvais accepter, je les déclinai dans la lettre ci-jointe que

---

(1) Je suis persuadé que la bonne foi de l'administration a été surprise, dans ce cas, par les lâches dénonciations de quelques misérables intéressés à dénaturer les actes de leurs collègues pour s'en faire un marche-pied, et pour faire oublier leur conduite personnelle dans ces temps difficiles. Ils ont malheureusement réussi !

j'adressai à *la Cloche* qui la publia le lendemain 30 juin :

Paris, 29 juin 1871.

Cher Monsieur Ulbach,

L'arrêt qui m'a frappé, et que vous avez si loyalement et si énergiquement apprécié dans votre numéro de *la Cloche* du 19 courant, a entraîné quelques amis dévoués à présenter ma candidature.

Tout en les remerciant vivement de leurs bonnes sympathies, je les supplie de ne pas détourner *une seule voix* en faveur d'un intérêt privé.

La vraie République, c'est-à-dire celle de la liberté et de l'ordre, a besoin plus que jamais de s'affirmer. Les suffrages doivent se grouper, solides et compactes, à l'entour des hommes *autorisés* par leurs précédents, leurs talents et leur dévouement à notre chère et si éprouvée patrie. Dites cela à nos amis, vous rendrez encore service au pays, et vous m'obligerez tout particulièrement.

Il ne me reste plus que quelques mots à ajouter à ce long récit fait, je le répète, dans le but de me disculper ainsi que les employés sous mes ordres, des accusations dirigées contre nous, et dont le public a déjà fait justice ; d'arriver si c'est possible à les faire réintégrer dans des fonctions qu'ils ont toujours remplies avec honneur, loyauté, et un zèle soutenu. Aujourd'hui que les passions sont un peu calmées, je tente d'ouvrir pour eux la porte de la clémence et de la réparation. Après la retraite de M. le général Valentin, auquel succédait M. Léon Renault, ancien secrétaire général de M. Cresson, tout le monde avait espéré que l'heure de la justice allait sonner. M. Renault, mieux que personne, avait pu dans ses fonctions apprécier les services rendus par mon personnel pendant le siége des Prussiens et après; son caractère privé laisse la porte toute grande ouverte à de légitimes espérances : puissent-elles se réaliser pour tous ces infortunes.

Homme de paix et d'ordre, j'ai cherché à éviter dans ces souvenirs tout ce qui aurait pu exciter les mauvaises passions et troubler la tranquillité publique. Homme de conviction, j'ai dit nettement et franchement ma pensée sur les hommes et sur les choses, en refoulant au fond de mon cœur les pensées d'amertume et de représailles, convaincu que bien souvent les circonstances entraînent les hommes à des actes contre lesquels ils auraient protesté en d'autres temps : le flambeau de la vérité éclaire tôt ou tard la justice plongée dans les ténèbres de la politique.

ERRATA

Page 5, ligne 11 — Qui *vous* dira — lisez : *nous*.

Page 11, ligne 2 — d'*orangerie* — lisez : d'*Orangerie*.

Page 11, ligne 24 — *présent* — lisez : *actuel*.

Page 15, lignes 22 et 23 — *prenaient en main la direction des affaires* — lisez : *allaient diriger les affaires du pays*.

Page 22, ligne 10 — et à *celle* du Commissaire — lisez : *celui*.

Page 24, ligne 13 — *du matin* — lisez : *de la nuit*.

Page 32, ligne 13 — en *genre* de rideau — lisez : *guise*.

Page 44, lignes 3 et 4 — *en attendant* — lisez : *malheureusement*.

Page 51, ligne 5 — M. le *Commisaire* — lisez : *Commissaire*.

Page 90, ligne 18 — *sans* déduction — lisez : *sous*.

Page 92, ligne 2 — qui ne se *rencontre* — lisez : *rencontrent*.

Page 100, ligne 23 — Ils se *donnent* — lisez : *damnent*.

Page 119, ligne 22 — *cassant*, — lisez : *tranchant*.

Page 128, ligne 3 — *Investis* de pouvoirs — lisez : *Investi*.

Page 149, ligne 6 — ce n'était pas rose — lisez : ce n'était pas *tout* rose.

Page 155, ligne 1 — membre de la *Comission* — lisez : *Commission*.

Page 229, ligne 7 — le 27, le Journal officiel — alinéa.

Page 239, ligne 16 — Elles les *transportèrent* — lisez : Elle les *transporta*.

A LA MÊME LIBRAIRIE

Paris en décembre 1851, *étude historique sur le Coup d'État*, par M. Eugène Ténot. 1 vol. in-18............ 1 50

La Province en décembre 1851, *étude historique sur le Coup d'État*, par le même. 1 vol. in-18............ 1 50

Suspects (les) en 1858, *étude historique sur l'application de la loi de sûreté générale* : emprisonnements, transportations, par MM. Eugène Ténot et Antonin Dubost, avocat, 1 volume in-18.. 1 50

Le Deux Décembre (1851), ses causes et ses suites, par M. Pierre Lefranc, représentant. 1 vol. in-18......... 2 50

Histoire de la Terreur bonapartiste, par H. Magen. 1 vol. in-18 (4e édit.).................................... 2 »

De Paris à Cayenne. *Journal d'un transporté*, par Ch. Delescluze. 1 vol. in-18 (2e édit.)................. 3 50

Du Progrès intellectuel dans l'humanité, par E. Véron. 1 vol. in-8.. 5 »

Libre Examen, par L. Viardot. 1 vol. in-18 (2e édit.)... 1 »

Défense (la) de Belfort écrite sous le contrôle du colonel Denfert, par MM. Thiers et de La Laurencie, officiers de la garnison de Belfort. 1 vol. in-8 avec cartes........... 7 50

Campagnes de 1870-1871, *Armées de l'Empire*, par E. Ténot. 1 vol. in-18................................... 3 50

Paris pendant le siège, par Arnold Henryot. 1 volume in-18... 1 50

La Commune de 1871, par Lucien Le Chevalier. 1 volume in-18... 1 50

L'Instruction républicaine. Obligation, gratuité, laïcité, par A. Guillemin. 1 vol. in-18.................. 3 50

La Bataille de Sedan, par ***. 1 broch. in-18....... » 75

La Famille d'Orléans et sa fortune. 1 broch. par Laberge et Vauquelin, in-18.................................. » 60

Le Mandat impératif. Brochure in-8, par Pauliat..... 1 »

Histoire abrégée de la Révolution française, par G. Grandier et L. Beaulieu. 1 vol. in-18..................... 2 »

Typ. Barthier et Cie, rue J.-J.-Rousseau, 61.